Der Gott der kleinen Leute

Band 1

Altes Testament

Der Gott der kleinen Leute

Sozialgeschichtliche Bibelauslegungen

Band 1
Altes Testament

Herausgegeben von
Willy Schottroff
und
Wolfgang Stegemann

Kaiser / Burckhardthaus-Laetare

CIP-Kurztitelaufnahme der Deutschen Bibliothek

Der Gott der kleinen Leute: *sozialgeschichtl. Bibelauslegungen / hrsg. von Willy Schottroff und Wolfgang Stegemann. – München: Kaiser; Gelnhausen: Burckhardthaus*
NE: Schottroff, Willy [Hrsg.]
Band 1. Altes Testament. – 1979.

2. unveränderte Auflage

ISBN:

Bd. 1 (AT) 3-459-01200-5
Bd. 2 (NT) 3-459-01215-3 } *Kaiser*
3-7664-3062-9
3-7664-3067-X } *Burckhardthaus-Laetare*

Gesamtherstellung: Buch- u. Offsetdruckerei Sommer, Feuchtwangen.
Umschlag: Reinhart Braun. – Printed in Germany.

Inhalt

Willy Schottroff

Zur Einführung

»Die Wahrheit ist konkret«. – Dieser Satz, der wie Walter Benjamin berichtet, auf einen Deckenbalken von Bertolt Brechts Arbeitszimmer in seinem dänischen Exilsort Svendborg gemalt war, dieser Satz ist – wie kaum ein anderer – geeignet, die Eigenart der Bibel und ihrer Wahrheit zu beleuchten.

Auf den ersten Blick freilich mag diese Behauptung befremden. Denn von Kindheit an sind wir infolge langer kirchlicher und theologischer Übung im Gegenteil viel eher gewohnt, die Wahrheit der Bibel gerade in der zeitlosen Allgemeinheit und Allgemeingültigkeit ihrer Aussagen zu sehen, in der diese dann zum Hintergrund verbindlicher Glaubenssätze, Dogmen, werden können. Landläufiger Auffassung zufolge geht es in der Bibel um die Beziehung von Gott und Mensch schlechthin. Beide erscheinen als eigentlich jederzeit dieselben und durch die Geschichte und die Wechselfälle des Lebens nur wenig zu verändern. Und nur die eine Konkretion stellt sich im Grunde als möglich dar: daß das Wort der Bibel mich existentiell angeht, mich als die Person, die ich bin, betrifft. Aber auch da stehe ich noch als abstrakter einzelner im Blick, der, ohne Berücksichtigung seiner konkreten Lebensverhältnisse, isoliert auf sein Gottesverhältnis hin angesprochen ist. Und selbst wo mein Verhältnis zu meinem Nächsten mitbedacht ist, bleibt diese Beziehung in der Regel ganz allgemein auf menschliche Grundgegebenheiten von überzeitlichem und immer wiederkehrendem Charakter beschränkt.

Einem solchen »idealistischen« Mißverständnis der Bibel möchten die Erwägungen und Textauslegungen entgegenwirken, die in dem vorliegenden Band enthalten sind, der Beispiele aus dem Alten Testament darbietet, sowie in einem zweiten Band, der sich mit dem Neuen Testament beschäftigt.

Die in diesen beiden Bänden gesammelten Beiträge stammen aus einem Arbeitskreis für »materialistische« Bibelauslegung, der sich erstmals im Herbst 1977 in Villigst getroffen hat. Der Ausdruck

»materialistisch« in dieser Bezeichnung erhebt nicht den Anspruch, einem philosophischen Begriff von Materialismus zu genügen. Schon gar nicht soll damit die Festlegung auf eine bestimmte weltanschauliche Position, etwa die des dialektischen und historischen Materialismus, ausgesprochen werden. Die Bezeichnung »materialistische« Bibelauslegung lehnt sich vielmehr an die Benennung einer, vor allem im romanischen Sprachraum verbreiteten, verwandten Bestrebung im Umgang mit der Bibel an, über die Kuno Füssel im zweiten Beitrag des vorliegenden Bandes eingehend berichtet. Bei allen Unterschieden, die sich aus der verschiedenartigen Wissenschaftstradition ergeben, die dort wie hier im Hintergrund steht, besteht weitgehende Übereinstimmung jedenfalls in der Grundintention der Beschäftigung mit der Bibel. Die »materialistische« Lektüre der Bibel in den romanischen Ländern ist nicht so sehr der historisch-kritischen Methode, sondern einem strukturalistischen Konzept des Zugangs zum biblischen Text verpflichtet. Die Übereinstimmung in der Intention aber erstreckt sich nicht zuletzt auch darauf, daß der zugrundeliegende Begriff von Materialismus primär ein praktischer ist, der sich am Materialismus der Bibel selbst orientiert.

Was mit der Rede von einem der Bibel selbst eigenen Materialismus gemeint ist, hebt Aurel von Jüchen in seinem Brief eindrücklich hervor, mit dem dieser Band eröffnet wird: die Bibel sieht den Menschen nicht »idealistisch« als ein »abstraktes, außer der Welt hockendes Wesen«, um einen in dieser Hinsicht sehr treffenden Ausdruck von Karl Marx zu gebrauchen, sondern nimmt ihn in seiner vollen Leiblichkeit ernst. Das heißt: die geistige Natur des Menschen wird weder geleugnet noch einseitig verabsolutiert so daß er als bloßes Geistwesen erscheinen müßte, sondern der Mensch wird in der Bibel so, wie er wirklich ist, dargestellt: einerseits in der Totalität seiner Lebensäußerungen, andererseits aber in der Konkretheit seiner geschichtlich wie sozial besonderten Lebensverhältnisse. Dabei ist es durchaus nicht so, daß die Darstellung auf eine scheinobjektive Neutralität aus wäre. Vielmehr waltet im biblischen Schrifttum eine so weitgehende Parteinahme für die gesellschaftlich Schwachen, die Unterprivilegierten und Armen vor, daß sich schon von daher der Titel »Der Gott der kleinen Leute«, den die vorgelegten beiden Bände tragen, rechtfertigt.

Eine Exegese, wie sie den von Aurel von Jüchen formulierten Erwartungen entspräche und die geeignet wäre, dazu beizutragen, daß Menschen heute im Lichte der im biblischen Schrifttum zur Geltung kommenden Intentionen ihre wahre Situation erkennen und bearbeiten lernen, dürfte allerdings die biblischen Texte nicht so ausschließlich, wie dies in der herkömmlichen Bibelwissenschaft geschieht, als literarische Produkte und unter literaturwissenschaftlichen Aspekten betrachten. Sondern es bedürfte primär eines sozialgeschichtlichen Zugangs, der die damalige Lebenswirklichkeit so konkret rekonstruierte, daß die Texte auf diesem Hintergrund eine ganz neue Lebendigkeit gewännen und zugleich deutlich würde, wie biblische Erfahrung, biblischer Glaube und die in der Welt der Bibel präsente Hoffnung durch Wirklichkeit nicht nur gestaltet wurden, sondern ihrerseits selbst Wirklichkeit gestaltet haben.

Die drei Beispiele für alttestamentliche Textinterpretationen in diesem Band, verstehen sich als Versuche auf dem Wege zu diesem Ziel. Die soziale Wirklichkeit Israels in alttestamentlicher Zeit kann in ihnen freilich nicht in voller Breite entfaltet, sondern nur unter bestimmten Aspekten exemplarisch zu Gesicht gebracht werden. Dabei geht es in dem Amos geltenden Beitrag von Willy Schottroff darum, am Beispiel dieses Propheten die prophetische Sozialkritik und damit die soziale Relevanz der Prophetie auf dem Hintergrund der sozio-ökonomischen Entwicklung Israels in der Königszeit zu beleuchten. Der sich mit Jeremia beschäftigende Aufsatz von Jürgen Kegler greift demgegenüber ein konkretes Beispiel auf, an dem besonders deutlich die politischen Implikationen der Prophetie und ihr öffentlicher Charakter verdeutlicht werden können. Steht von den drei biblischen Gestalten die erste, Amos, am deutlichsten als Symbol für die in der Themaformulierung genannte Gottesidee ein, so bildet die letzte, der von Frank Crüsemann unter sozialgeschichtlichen Gesichtspunkten auf dem Hintergrund seines Denkens untersuchte Prediger Salomo (Kohelet), eine genaue Kontrastparallele zu Amos und seinem »Gott der kleinen Leute«. Sich mit der seltsam faszinierenden Gestalt des Predigers zu befassen, ist gleichwohl sinnvoll und notwendig, nicht nur um der notwendigen Differenzierung in der Hinsicht auf die Bibel willen, sondern auch wegen der Einsichten, die dieser Beitrag für das Verständnis der sozialen Hintergründe der im Buch Kohelet dokumentierten Haltung einer extremen Skepsis erbringt.

Herausgeber wie Autoren hoffen, daß die Arbeiten, die sie in den beiden Bänden vorlegen, recht verstanden werden als das, als was sie gemeint sind: als Versuche, ihrer tiefen Liebe zum biblischen Schrifttum durch Verlebendigung der Lebenswirklichkeit der biblischen Zeit Ausdruck zu geben, und zugleich – im Sinne der in der Bibel zum Ausdruck kommenden Menschlichkeit Gottes – als bescheidene Beiträge zur Humanisierung auch unserer Wirklichkeit.

REFLEXIONEN

Aurel von Jüchen

Erwartungen eines Pfarrers an eine materialistische Bibelauslegung

Ein Brief

Liebe Freunde! Wie ich höre, gehen Sie mit dem Gedanken um, Beispiele und Reflexionen über eine materialistische Bibelauslegung herauszugeben. Erlauben Sie mir, aus der Sicht der Gemeinde einige Erwartungen anzumelden an eine Exegese und an eine Theologie, die nicht länger in idealistischer Weise von »dem Menschen«, »dem alten und dem neuen Adam«, »dem Sünder« und »dem Gerechtfertigten« spricht und darüber vergißt, daß die Zeitgenossen Jesu Christi ebenso wie die Menschen der Gegenwart immer unter ganz bestimmten sozialgeschichtlichen Gefährdungen, Versuchungen, Hoffnungen, Erwartungen leben.
Niemand kann behaupten, daß unsere Gemeinden im biblischen Denken noch selbstverständlich »zuhause« wären. Wir kommen, wenn wir den Boden des Alten oder des Neuen Testaments betreten, in ein *fremdes* Land. Die Mahnung: »Lies täglich deine Bibel!« beruht auf einem Mangel an Einfühlungsvermögen in Menschen, die eine solche Mahnung als Zumutung empfinden. Auch tägliches Lesen hebt unsere Fremdlingschaft in der Bibel nicht auf. Die »Gleichzeitigkeit« Kierkegaards bleibt eine Fiktion, wenn es dem Exegeten nicht gelingt, Brücken zwischen dem Heute und Damals zu schlagen. Der Leser und Hörer eines Bibelwortes muß seine Denkgewohnheiten, seine eingeschliffenen Urteile *ver*-lernen, um den Glauben und das Denken der Bibel zu verstehen. Materialistische Exegese lebt von einem doppelten Liebesvorgang, einem rückwärtsgewandten zu den Menschen einer vergangenen Zeit und einem anderen, der den Menschen der Gegenwart begegnen will und der bewirkt, daß die heutigen Menschen mit den damaligen »gleichzeitig« werden können. Unser eigensinniges Festhalten an unseren idealistischen und individualistischen Denkkategorien hebt aber die Fremdheit nicht auf, sondern es vertieft sie noch. Die Verbürgerlichung des christlichen Glaubens hat ihren eigentlichen

Grund darin, daß die Verkündigung der Kirche es nicht geschafft hat, die Liebesbrücke zwischen dem 20. Jahrhundert und dem Jahrhundert Jesu Christi zu schlagen. Nur wer die Sprache des eigenen Landes eine Weile *nicht* spricht, vermag die Sprache eines anderen Landes zu erlernen. Immer ist die schwierige Aufgabe des Ver-lernens Voraussetzung für das Lernen.
Ich will nur einige Beispiele der Erwartung an eine materialistische Exegese aufzählen. Sie haben untereinander nur den einen Zusammenhang, daß es sich um Fragen handelt, die eine idealistische oder eine nur erbauliche Exegese nicht zu beantworten vermag.

1. Das Auftreten Jesu Christi fällt in eine Zeit sehr erregter, intensiver Zukunftserwartung. Die übliche Predigt beheimatet sie gern bei den »Stillen im Lande«. Der Befund der Evangelien zeigt etwas ganz anderes. An der Erwartung nehmen fast alle Bewohner Palästinas teil. Auch die Pharisäer, die Zeloten, die Essener, die Apokalyptiker, die Taufgemeinde des Johannes und andere Taufgemeinden gehören zu den Wartenden. Für die Zeitgenossen Jesu genügte es, zu sagen: »Als die Zeit erfüllet war«. Aber wir Fremdlinge der Zeit fragen: Warum taucht zur Zeit Jesu, vor ihm, nach ihm plötzlich eine Fülle von Messiassen auf? Warum verdichtet sich bei den Frommen die Erwartung plötzlich zu einer Nah-Erwartung, die den einen als eine Nah-Erwartung des Gerichtes, den anderen als Nah-Erwartung der Herrschaft Gottes erscheint? Ich vermute, daß es gemeinsame materielle Voraussetzungen gab, die alle diese Bewegungen hervorriefen. An diesem Punkt kann man erkennen, daß materialistische Geschichtsbetrachtung nichts mit Determinismus zu tun hat. Es ist ja die Angst vor dem Determinismus, die viele eine materialistische Betrachtung fürchten läßt. Das Phänomen der Nah-Erwartung zeigt deutlich, daß die gleiche materielle Situation die einen sich für Jesus und das Reich Gottes entscheiden ließ, die anderen für seine Hinrichtung.

2. Ein anderes Beispiel: Es gibt Gleichnisse, über die die Prediger gerne predigen und die den Gemeinden leicht eingehen. In den Gleichnissen vom vierfachen Ackerfeld, von der selbstwachsenden Saat, von den Lilien auf dem Felde, die sich nicht um ihre Kleidung, den Vögeln unter dem Himmel, die sich nicht um ihre Nah-

rung sorgen, sind wir nicht in der Fremde. Aber da sind auch weniger idyllische Gleichnisse: Ein Herr fordert Rechenschaft von seinen Haushaltern über seine Gelder. Da sind Schuldner, die der Herr »in Stücke hauen läßt«. Da sind Weinbergpächter, die den Sohn des Besitzers umbringen, um das Erbe an sich zu reißen. Haben auch diese Gleichnisse einen »Sitz im Leben«? Wo sich dieser befindet, kann keine idealistische oder allegorische Deutung ausmachen, sondern nur eine materialistische Exegese, die weiß, daß weite Flächen Palästinas fremden Herrschern gehörten, die die Ernte durch Beamte eintreiben ließen und die weiß, daß der in Israel gewachsene Wein in Ägypten getrunken wurde.

3. Bei dem folgenden Beispiel hat der Mangel an einer materialistischen Exegese grauenhafte geschichtliche und kirchengeschichtliche Folgen gehabt. Im Johannes-Evangelium wird der Kampf Jesu schon als ein Kampf gegen »die Juden« dargestellt. In den folgenden Jahrhunderten verdichten sich der Judenhaß der Christen und der Christenhaß der Juden immer mehr. In der mittelalterlichen Theologie entsteht die völlig unbiblische Lehre von der Verwerfung des Volkes Israel und der Einsetzung des Christenvolkes als Nachfolger des jüdischen Volkes[1]. Diese Sukzessions-Theologie, die den Texten des Neuen Testaments eindeutig widerspricht, hat hunderte von Pogromen in allen Ländern Europas hervorgebracht und die Seelen der Christen vergiftet. Ja, unterirdisch hängt der Antisemitismus eines Adolf Stöcker und eines Adolf Hitler mit diesem Anti-Judaismus zusammen. Vor solchen Greueln hätte eine materialistische Exegese die Kirchen bewahren können, denn im Neuen Testament steht Jesus in einem Umfeld von gesellschaftlichen Schichten. Die Archontes, die Herodianer, Sadduzäer, Pharisäer, Zeloten stehen gegen ihn. Sie stellen die herrschenden Mächte dar. Jesus steht parteilich und konsequent auf der Seite der »Mühseligen und Beladenen«, der deklassierten »Zöllner und Sünder«. Diejenigen, die sich heute vor einer materialistischen Exegese fürchten, brauchen sich keine Sorge zu machen. Diese dem Neuen Testament entsprechende Betrachtung wird den Kampf zwischen Jesus und den Pharisäern nicht zu einer »nur sozialethischen Frage« machen. Im Gegenteil: sie arbeitet das eigentliche Problem der Evangelien: »Gottes Herrschaft und Gottes Volk« erst heraus.

4. Ich nenne als weiteres Beispiel die Auferstehung Jesu. Die Jüngerberufungen sind Berufungen in den Lebenszusammenhang des Reiches Gottes. Die Erfahrung der Auferstehung Jesu erneuert diese Berufungen über den Kreuzestod Jesu hinaus. Der Glaube der ersten Jünger an die Auferstehung blieb *ungetrennt* vom Glauben an das Hereinbrechen der Gottesherrschaft. Er war *Ausdruck des gleichen Glaubens unter dem Vorzeichen des Kreuzes.* Im 3. und 4. Jahrhundert sind beide Aussagen weit voneinander getrennt. Die Kirche tritt an die Stelle des Reiches Gottes und der Auferstehungsglaube verjenseitigt alle religiösen Aussagen des Neuen Testaments zum »Platonismus für das Volk« (Nietzsche). Nur eine Darlegung der sich ändernden materiellen Voraussetzungen kann diese Sinnentstellung des Auferstehungsglaubens aufhellen, rückgängig machen und »reine Lehre« wieder herstellen.

5. Ebenso wichtig wie für das Neue ist eine materialistische Exegese für das Alte Testament. Während die vergangenen und die mit Israel gleichzeitigen Völker riesige Reiche bilden, Pyramiden bauen und Zikkurate, während sie Gemälde und herrliche Mosaiken schaffen, Tempel errichten, Geräte aus Gold und Silber, Schminktäfelchen und Spiegel aus Lapislazuli schaffen, mißachtet ein kleines Nomadenvolk alle diese Dinge. Aber sein Gottesglaube überlebt die mehr als viertausend mesopotamischen Götter und Göttinnen, dazu die Götter der griechischen und römischen Antike. Sein Gott überschreitet nicht nur alle geographischen, sondern auch kosmischen Grenzen. Die Frage muß gestellt werden, wie dieser Glaube mit der nomadischen Existenz zusammenhängt und worin die Ähnlichkeiten unserer heutigen Existenz mit der nomadischen liegen, daß sich moderne Atomwissenschaftler zu diesem Glauben bekennen können, während alle anderen Götter auf den Müll der Geschichte geraten sind. Da dieser Gott kein thronender, autoritär herrschender, sondern ein Mitziehender, Mitlagernder, Mitwandernder, Mitsiegender, Mitleidender war, ist er allein in der Lage, noch heute die Schicksale der Menschen zu begleiten.

6. Auch die Frage, wie das Verhältnis von Männern und Frauen in der Bibel zu sehen ist, kann nur von einer materiellen Erforschung ihrer Beziehungen ausgehen. Alle Bauernvölker huldigen in

früher Zeit einer Mutterreligion, die Nomadenvölker einer Vaterreligion. In Nomadenvölkern bestimmt der Mann Weg und Ziel der Wanderung, Wahl des Weideplatzes, er verhandelt um Benutzung von Brunnen, Quellen usw. Den ganzen Bereich innerhalb des Zeltplatzes bestimmt die Frau. Das ist notwendige Arbeitsteilung, aber keine Diffamierung der Frau. Vater und Mutter werden in der Bibel meist nebeneinander genannt: »Laß sich Deinen Vater und Deine Mutter an Dir freuen.« Im vierten Gebot heißt es: »Du sollst Deinen Vater und Deine Mutter ehren.« Gelegentlich wird auch die Mutter allein genannt: »Verlaß nicht das Gebot Deiner Mutter!« – »Ein törichter Sohn ist seiner Mutter Gram«, »Verachte Deine Mutter nicht, wenn sie alt wird«. Die Mißachtung der Frau beginnt im jüdischen Volk erst nach der Rückkehr aus der babylonischen Gefangenschaft. Ist sie eine Folge des Aufenthaltes in Babylon? Ist sie eine Folge der Heilsungewißheit, die sich der Menschen bemächtigt hatte, die den Glauben an die Auserwählung nicht mehr mit ihrem politischen Schicksal zusammenreimen konnten? Das scheint Esr 10,2 nahezulegen. »Wir haben uns an unserem Gott vergriffen, daß wir fremde Weiber nahmen. So laßt uns nun einen Bund machen mit unserem Gott, daß wir alle Weiber und die von ihnen geboren sind, hinaustun . . .«, und die Gemeinde antwortete: »Es geschehe, wie Du gesagt hast.« Dieses Beispiel zeigt, daß bestimmte Fragen nur im Kontext der Situation, der Absichten, der materiellen und ideellen Interessen und Erwartungen beantwortet werden können.

7. Jede idealistische Exegese verführt zu Abstraktionen und Pauschalierungen. Pauschal gedacht ist ein König ein König, Herrschaft gleich Herrschaft, Macht gleich Macht. Herrschaft ist dann immer repressiv, Macht ist immer böse, »Erzeugnis einer Männergesellschaft« usw. Eine materialistische Exegese fürchtet sich vor Pauschalurteilen. Sie glaubt nicht von vornherein zu wissen, was ein »Herr«, ein »Gebot«, ein »Königtum« usw. ist. Sie wird fragen, was ist sumerisches, babylonisches, was ist israelitisches, was preußisches Königtum? Orientalische Könige sind selber Götter, sie verkörpern in ihrer Gestalt den Willen der Götter. Jüdische Könige sind Knechte Gottes. Ich erinnere mich einer Bibelstunde, in der sich König David von den Teilnehmern manche Rüge ob seines

unköniglichen Verhaltens gefallen lassen mußte, weil die Teilnehmer der Bibelstunde »gute Preußen« waren. Wer sich nicht vor Pauschalurteilen hütet, wird im Neuen Testament den Begriff der »basileia tou theou« nicht verstehen. Er kann nicht orientalisch und er kann ebensowenig preußisch verstanden werden.

8. Die Psalmen stellen einer materialistischen Exegese viele Aufgaben. Was bedeuten die Klage- und Bitt-Psalmen? Wer sind die Angeklagten, wer die Bittsteller? Wer sind die Feinde, gegen die Gott um Hilfe gerufen wird? Stecken hinter der bis in die Verkündigung Jesu reichenden Parteinahme Gottes für die Armen Erinnerungen an eine nomadische Existenz, in der es keine Reichen und Armen gab? Wurden die Unterschiede zwischen reich und arm in einem Volk, das sich als »Volk Gottes« verstand, als eine Beleidigung Gottes verstanden?

Wir haben Fragen aufgeworfen, die nur eine materialistische Betrachtung beantworten kann, da eine idealistische sie gar nicht als Fragen zu Gesicht bekommt. Es wäre aber eine Inkonsequenz, wollte ein Theologe, der nach dem »Sitz im Leben« von vergangenen Geschichten, Reden, Erzählungen fragt, nicht nach dem Ort der Gemeinde in der heutigen Welt fragen. Denn die Gemeinde hat die Welt in ihrem gegenwärtigen Zustand zum Gegenüber. Die Christen der zweiten und der dritten Welt haben offenbar ihren Ort in der Geschichte entdeckt. Die Christen der ersten Welt haben es zweifellos schwerer. Sie haben über dem religiösen Traditionalismus ihre Aufgabe verloren. »Zu glauben, ohne auf das hin zu leben was man glaubt«, nannte Leonard Ragaz eine »Fiktion«.

Ich weiß, liebe Freunde, daß ein Unweiser mehr fragen kann, als zehn Weise beantworten können. Aber wie die Fruchtbarkeit des Bodens auf dem Bakterienleben in der Ackerkrume beruht, beruht die Fruchtbarkeit einer Wissenschaft auf den Fragen, die an sie gestellt werden. Eine Theologie, die keine Fragen mehr stellte, wäre – am Ende. Die Theologie hat eine bedeutende Zukunft, die meisten Theologen wissen nur nicht, daß die Zukunft ihrer Wissenschaft bereits begonnen hat. Sie begann im Jahre 1903, als Herrmann Kutter in seiner Schrift: »Sie müssen!« den Satz schrieb:

»Der Geist Gottes waltet in der Materie. Deswegen liegen im Geiste Gottes die Kräfte einer neuen Welt, alle Veränderungen, alle Fortschritte, alle Umwälzungen beschlossen. . . . . . Geist ist das herrlichste, was es gibt. Aber Geist ist der Bildner der Materie. . . Abstrakter Geist ist kein Geist, sondern Verderbnis des Geistes. Soll unser Christentum wieder Geist und Leben anziehen, dann muß es sich wieder der Materie zuwenden.«[2]

Liebe Freunde, ich wünsche Ihrem Unternehmen ein waches Gefühl für die Gebrochenheit der Identität zwischen dem heutigen Christentum und dem Geiste des Neuen Testaments. Ich wünsche Ihnen zu Ihrem Vorhaben Glück, Mut und reiche Erkenntnis aus dem ungehobenen Schatz des Alten und des Neuen Testaments.

Ihr
Aurel von Jüchen

Anmerkungen:

1. F. W. Marquardt, Die Juden im Römerbrief (Theol. Studien 107), Zürich 1971.
2. Der Glaube der Religiösen Sozialisten. Ausgewählte Texte hg. von W. Deresch, Hamburg 1972,63.

Kuno Füssel

Materialistische Lektüre der Bibel

Bericht über einen alternativen Zugang zu biblischen Texten

1 *Die Klassiker der materialistischen Lektüre der Bibel*

1.1 Im Jahre 1974 erschien das Buch von Fernando Belo: Lecture matérialiste de l'évangile de Marc[1]. Damit setzte Belo, der damals als portugiesischer Gastarbeiter und laisierter Priester im Exil in Frankreich lebte, eine bis heute anwachsende Bewegung alternativer Bibellektüre in Gang. Das zugleich Unerbittliche und Faszinierende seines Ansatzes kommt aus der Fähigkeit des Autors, nahezu das ganze Arsenal zeitgenössischer linguistischer und gesellschaftswissenschaftlicher Theorieproduktion in Paris in der einen Grundfrage zu focussieren: Wie hängen politische und radikal-christliche Praxis zusammen; genauer aufgeschlüsselt: wie wirken sich die ökonomischen, politischen und ideologischen Klassenkämpfe auf die Produktion und Rezeption biblischer Texte aus; welche materiellen Voraussetzungen, Interessen und Bedürfnisse führen zu welchen Begriffen, Ideen und Theorien; welche Gesetze regeln nicht nur den Tausch von Waren, sondern die Zirkulation der Zeichen in den bedeutungsvermittelnden Systemen einer Gesellschaftsformation? Im ersten Teil seines Buches mutet Belo allerdings dem Leser zunächst zu, über einen Berg methodologischer Probleme zu steigen, eine Mühe, die sicher schon manchen abgeschreckt hat, weiterzulesen oder einen anderen Einstieg zu versuchen. Doch bereits im zweiten Teil des Buches gibt es die ersten Früchte des Durchhaltens zu ernten, wenn Belo zu dem Schluß kommt, daß das Alte Testament von zwei großen entgegengesetzten Linien geprägt ist, die nicht nur der Ausdruck unterschiedlicher religiöser und theologischer Traditionen, sondern tiefer noch von entgegengesetzten sozioökonomischen Interessen und Machtverhältnissen sind: das System der Schenkung (jahwistisch, ausgleichend und selbstverwaltend im Sinne der Stammesgesellschaft) steht gegen das System der Reinheit bzw. Unreinheit (priesterlich,

zentralistisch und bürokratisch im Sinne der sakralen und königlichen Macht).
Der Kampf dieser beiden Linien setzt sich auch ins Neue Testament hinein fort. In ihrem Schnittpunkt steht das Kreuz Jesu. Warum das so sein mußte, beweist Belo durch eine einleuchtende Analyse der Funktion des Tempels in der israelitischen Religion. Der Prozeß gegen Jesus ist ein Prozeß um den Tempel als ökonomisches, politisches und ideologisches Zentrum der Macht. Jesus stirbt, weil er diesen Tempel abreißen und einen neuen bauen wollte, außerhalb des Tempels und außerhalb der heiligen Stadt. Dies unterscheidet ihn von den Zeloten, die für den Tempel und in ihm sterben.
Für Belo ist die gesamte auf den Tod Jesu folgende Theologiebildung – das beginnt schon in der Bibel, am wenigsten allerdings bei Markus, der von Belo Sequenz für Sequenz analysiert und kommentiert wird – zu kennzeichnen als Versuch, die radikale messianische Praxis Jesu wieder zu entschärfen und anzupassen. Vielleicht schüttet hier Belo das Kind »Theologie« mit seinem idealistischen Bade aus; niemand aber wird ihm abstreiten können, daß Nachfolge Jesu ohne Einlassung auf seine messianische Praxis nur ein Etikettenschwindel ist.

1.2 Im Jahre 1976 erschien von Michel Clévenot die an Belo schwerpunktartig anschließende, ihn aber für eine gemeinsame Lektüre in Gruppen handhabbarer machende Studie: Approches matérialistes de la Bible[2]. Clévenot bietet nicht nur eine leicht zugängliche methodische Einführung in den Zusammenhang von historischem Materialismus, Linguistik und Bibelstudium, sondern setzt auch anregende Akzente bei der Erklärung des Entstehens der Bibel als Sammlung literarischer Texte und der Deutung des Markus-Evangeliums als Erzählung der subversiven Praxis Jesu. Die Hauptaufgabe, die Spuren dieser Praxis Jesu auf den Ebenen der verschiedenen gesellschaftlichen Instanzen zu sichern und nachzuzeichnen, versucht Clévenot durch Rekonstruktion der Klassenverhältnisse im Palästina des ersten Jahrhunderts und der politischen Verhältnisse Roms um das Jahr 70 einerseits, und durch die Entschlüsselung der verwendeten Codes der litarerischen Produktion andererseits zu lösen.

1.3 Im Jahre 1977 legte Georges Casalis sein Werk: Les idées justes ne tombent pas du ciel[3] vor, welches vielfältige Zugänge zu einer materialistischen Hermeneutik nicht nur für die materialistische Lektüre der Bibel, sondern für eine theologisch-politische Lektüre der revolutionären Praxis von Christen überhaupt eröffnet. Diese brillant verfaßte Rechenschaft eines militanten französischen Theologieprofessors über seinen Weg von einer politisch sensibilisierten Barthianischen Theologie zu einer eindeutigen Option für die unterdrückten Klassen kann als erster Beitrag zu einer europäischen Theologie der Befreiung angesehen werden. Casalis führt den bei Belo begonnenen Kampf gegen den bürgerlichen Logozentrismus in der Theologie (d.h. die Beschwörung vernünftigen Denkens als parteiloser Blick auf objektive Gedankenformen) mit Vehemenz weiter.

Er zeigt, daß die Selbstentfremdung des Menschen nicht durch immer neue Unterwerfung unter immer neue wissenschaftliche Überlegungen gelingen kann, sondern durch Befreiung von dem, was uns mit Gott, mit dem Nächsten und uns selbst entzweit, überwunden werden muß. Theologisches Denken ist für Casalis vor allem orientierender Eingriff in revolutionäre Praxis, aufs Spiel setzen der eigenen Existenz, was meist mit einer Marginalisierung in der eigenen Kirche beginnt. Es ist das Ende der Theologie als begriffliche Repräsentation, die Verabschiedung des Zuschauer-Theologen. Ein Merkmal dieser Theologie ist auch eine neue Art zu lesen, die sich nicht in abstrakten Verstehensproblemen verfängt, sondern sich dessen bedient, was in den Büchern steht, um damit für das Leben zu experimentieren und so die eigene Praxis zu verändern. Die Bedeutungsstruktur der Welt, ihre Intelligibilität, »fällt nicht vom Himmel«, sie muß geschaffen werden.

2 *Wer und aus welchen Gründen kommt zu einer alternativen Lektüre der Bibel?*

2.1 Niemand, der das Metier kennt, wird bestreiten, daß die Exegese und die biblischen Hilfswissenschaften, legt man die Veröffentlichung von Fachstudien als Kriterium an, in den letzten dreißig Jahren einen enormen Aufschwung genommen haben, woran die beinahe widerspruchslose Übernahme der historisch-kritischen

Methode durch alle Fachvertreter einen maßgeblichen Anteil hat. Trotzdem scheint durch die unbestreitbare Vielfalt der Auslegungsergebnisse nicht eine ebensogroße Vielfalt von unterschiedlichen Interessen und Bedürfnissen befriedigt zu werden, ja es legt sich der Verdacht nahe, daß das exegetische Forschungsinteresse und die es leitende Hermeneutik – eher als die formale Methode als solche – einseitig auf Gewinnung von Herrschaftswissen im Dienste eines elitären Führungsanspruches einiger weniger »Lesekundiger« in der Kirche ausgerichtet ist. Die Exegese wird so weitgehend zur Legitimationswissenschaft, und aus der authentischen Auslegung wird eine Ideologie.

Wenn diese Tendenz als idealistisch gebrandmarkt wird, wie Belo, Casalis und Clévenot und viele andere es tun, so können sie sich zumindest darauf berufen, wie auffallend wenig sich die wirkliche Geschichte gerade bei hervorragenden Vertretern der historisch-kritischen Methode wie R. Bultmann in ihrer unmittelbaren Arbeit am biblischen Text niedergeschlagen hat. Zur gleichen Zeit (1941), als Nazideutschland die Sowjet-Union überfiel und die Juden in den Konzentrationslagern ermordet wurden, veröffentlichte Bultmann, der sicher kein Faschist war, sein Buch »Neues Testament und Mythologie«, worin er den Geist der Moderne als Auslegungsmaßstab für die Bibel akzeptiert, ohne die gnadenlosen Folgen dieses Geistes und der aus ihm geborenen technologischen Vernunft, wie sie sich in Krieg und Holocaust zeigten, in die Auslegungsgrundsätze mit einfließen zu lassen[4]. Es zeigt sich, daß auch bei Bultmann Geschichte allzu sehr die fixierbaren Sedimente der Vergangenheit meint und Kritik sich auf die Scheidung der Weltbilder, der Formen, Redaktionen und Traditionen verengt, so daß Geschichte als gegenwärtig wirkendes Produkt der Klassenkämpfe und die revolutionäre »Kritik alles Bestehenden« gar nicht als gültiger Auslegungshorizont heutiger Lektüre und gegenwärtig notwendiger Unterscheidung der Geister auftauchen. Die Schärfe, mit der Belo dieses Ausblenden der gesellschaftlichen Widersprüche und Konflikte in der existentiellen Hermeneutik des Entmythologisierungsprogrammes kritisiert, erscheint anläßlich dieser Beobachtung, die für viele steht, verständlich: »Die bürgerliche Exegese, die mit dem . . . humanistischen Idealismus arbeitet, hat mit unterschiedlichem Erfolg versucht, die Schranken des mythologischen Codes zu durchbrechen, der in den neutestamentlichen Schriften zum Tragen kommt. Der Name Bultmann ist mit diesem Versuch der Entmythologisierung symptomatisch verbunden. Als Beleg dafür, daß seine Arbeit vom bürgerlichen Logozentrismus ausgeht, möchte ich nur seinen Rückgriff auf ›das Bewußtsein des modernen Menschen, die wissenschaftliche Vernunft, den Fortschritt der Moderne‹ nennen, der anscheinend immer das letzte Argument von Auslegungen ist, die sich als Entmythologisierungen verstehen. Weil der Versuch der Entmythologisierung die biblischen Schriften und ihre Erzählungen von den messianischen Machttaten mißversteht, kann sie nicht das Theologische (verstanden als dogmatisch-religiöser Diskurs, der in die herrschende Ideologie integriert ist) überwinden, und endet . . . in der Tat immer wieder bei der Innerlichkeit . . ., welche die bürgerliche Form des Theologischen ist.«[5]

Die Kirchenleitungen und die herrschende Exegese haben auf den Idealismusvorwurf mit aller Schärfe reagiert. Besonders die katholischen Exegeten unterstreichen, daß sie in Sachen Bibelauslegung keine fremden Götter neben sich dulden und wehren daher einen abweichenden oder sich kritisch gegen sie stellenden Umgang mit der Bibel als »wilde Exegese«, als unwissenschaftlich oder als vorübergehende Modeerscheinung ab, wenn man nicht sogar Hand in Hand mit den Bischöfen zu dem größeren Geschütz greift, sie überhaupt als unkirchlich oder gar unchristlich zu disqualifizieren.

2.2 Es liegt daher auf der Hand, daß Versuche eines nichtidealistischen Umgangs mit der Bibel nicht ihren Ursprung im akademischen Milieu der universitären Theologie haben, sondern im Engagement linker Christen, die in den Klassenkämpfen unserer Tage für die Unterdrückten Partei ergreifen und auf ihrer Seite um die Befreiung kämpfen.

Die revolutionäre Praxis wird dabei zum Ausgangspunkt einer umfassenden Hermeneutik, die nicht nur eine Neuinterpretation der politischen und ideologischen Realität in der Gesellschaft ermöglicht, sondern auch zur Basis eines neuen Glaubensverständnisses wird.

Will man eine Kirche der Unterdrückten aufbauen und mit der Torheit des Kreuzes auch politisch ernst machen, dann gilt es nicht

nur, von der bürgerlichen Religion und der Kirche der etablierten Klassen Abschied zu nehmen, sondern auch eine neue Identität aufzubauen. Materialistische Lektüre entspringt diesem aus einer veränderten Praxis kommenden Bedürfnis nach einer christlich-sozialistischen Identität und einer diese Identität sichernden Aneignung der Glaubenstradition und ihrer Quellen.
Wie jede Umkehr hat auch dieser Neubeginn seine Probleme. Es gilt, der doppelten Gefahr eines individuellen und spontanen Biblizismus ebenso auszuweichen wie der Gefahr der totalen Funktionalisierung der Bibel als Motivationsquelle für politisches Handeln. Eine bewußt durchgeführte materialistische Lektüre sieht sich daher gezwungen, zunächst einmal Klarheit über ihre eigenen Bedingtheiten, die erforderlichen Methoden und den Bestand benutzbarer Vorarbeiten zu schaffen. Hier haben Belo und im Anschluß an ihn Clévenot und Casalis wertvolle Pionierarbeit geleistet.

2.3 Zahlreiche Gruppen in aller Welt (zur Zeit sind es ca. 100) haben daher das von ihnen vorgeschlagene Programm in Lektüre-Zirkeln aufgegriffen und über das bereits prototypische Markus-Evangelium hinaus an weiteren Texten der Bibel erprobt: aus dem Alten Testament an den Büchern Samuel und Könige, Genesis und Jeremia; aus dem Neuen Testament am 1. Thessalonicher-Brief, 1. Korinther-Brief, am Johannes-Evangelium und an der Apostelgeschichte. Vor allem die Apostelgeschichte erfreut sich dabei steigenden Interesses, und zwar aus einem doppelten Grund: einmal läßt sich an ihr die gesamte Problematik des Einrückens der Kirche in die leergewordene Stelle Jesu (»Jesus ging, und die Kirche kam«) studieren, zum anderen gilt es, die Lebensverhältnisse der ersten Christen vor allem aber ihren Güterkommunismus näher zu ergründen. Im romanischen (vor allem französischen und spanischen) Sprachraum wird materialistische Lektüre vorwiegend von Gruppen betrieben, die sich aus Mitgliedern der linksorientierten kirchlichen Verbände (wobei die ökumenische Ausrichtung selbstverständlich ist), der Gewerkschaften und der Bewegung der Christen für den Sozialismus zusammensetzen. Wichtig erscheint dabei nicht die Lektüre an sich, sondern ihre befreiende und klärende Hilfe in der Familie, am Arbeitsplatz und in der Partei. Berufsmä-

ßig kommen die Mitglieder aus verschiedenen Bereichen: Techniker, Arbeiter, Grundschullehrerinnen, Krankenschwestern, Hausfrauen, Schüler, Studenten, Rentner; der Anteil der Akademiker und hauptamtlichen Theologen jedoch ist gering.
Völlig anders dagegen ist die Zusammensetzung im deutschen Sprachraum (Bundesrepublik Deutschland, DDR, Österreich, Schweiz). Hier bilden die Universitäten und Studentengemeinden (dabei vor allem die ESGen) den Ort, wo die Gruppen angesiedelt sind, die sich – methodisch oft an der Schule des Holländers F. Breukelmann (so z.B. T. Veerkamp und J. van Zwieten) orientiert – mit materialistischer Bibellektüre beschäftigen. Pastoren, Lehrer, Theologiestudenten und kirchliche Mitarbeiter bestimmen daher weitgehend die Arbeitsweise dieser Gruppen. Ähnlich ist auch die Situation in den Niederlanden, allerdings kommt hier das Phänomen der Basisgemeinden und das allgemein tolerantere kirchliche Klima begünstigend hinzu. Für beide Räume aber gilt, daß den Christen für den Sozialismus eine wesentliche Koordinierungsaufgabe und Orientierungsfunktion zukommt. Letzteres gilt übrigens auch, für Belgien, England, Norwegen, Kanada, Peru, Kolumbien und Mauritius.
Eine wesentliche Strukturierung der Arbeit all dieser Gruppen geht von der linkskatholischen Zeitschrift »Lettre« in Paris[6] aus, zu deren Redakteuren M. Clévenot gehört. Seit dem Erscheinen von Belos Buch hat »Lettre« in wegweisenden Artikeln immer wieder die gemeinsame Sache vorangetrieben und sich als überregionales und internationales Diskussionsforum zur Verfügung gestellt. Das Ergänzungsheft zur Nummer 237, 1978, der Zeitschrift kann als erste umfassende Bilanz über die alternative Lektüre angesehen werden. Es enthält Berichte über neue Gruppen, neue Auslegungsergebnisse und neue Instrumente der Analyse.
Auf der Basis dieser Sondernummer als Vorbereitungsgrundlage fand in Paris am 11./12. November 1978 erstmals ein internationales Treffen mit über 100 Teilnehmern aus 16 Nationen statt. Unter den Teilnehmern befanden sich »natürlich« auch Belo, Clévenot und Casalis, doch die Laien, nicht die professionellen Textanalytiker bestimmten das Geschehen. Die pfingstliche Kraft eines christlich-sozialistischen Internationalismus lieferte dabei die maßgeblichen Codes: Die Priorität der Erfahrung, die Gleichberechtigung

der Leser, die Einheit des politischen Engagements, die Impulse für die eigene Weiterarbeit.

2.4 Die Bibel ist natürlich nicht das einzige Instrument, dessen sich diese Gruppen im oft entmutigenden Kampf gegen die etablierten Mächte in Kirche und Gesellschaft bedienen. Vielleicht ist sie noch nicht einmal das wichtigste.
Der Christ, welcher seine Vorstellungen und Vorschläge zur Verbesserung der bestehenden Gesellschaftsordung im Stichwort »Sozialismus« zusammenfaßt, weiß, daß er seine Ansichten nicht unmittelbar aus der Bibel ableiten kann. Es wäre aber zumindest unklug, von vornherein anzunehmen, daß der militante Christ auf die reichen Schätze und Anregungen der Bibel bei seinem politischen Engagement verzichten könne. Im Gegenteil ist anzunehmen, daß die Texte der Bibel einiges gemeinsam haben mit jener Hoffnung auf eine von Unterdrückung und Entfremdung befreite Gesellschaft, die uns im politischen Kampf aufrechthält, so daß gerade die Bibel für das Überleben auf dem langen Weg durch die Wüste des Kapitalismus eine wesentliche Hilfe darstellt. Viele der genannten Gruppen haben erfahren, daß die gemeinsam durchgeführte Bibellektüre nicht nur neue Erkenntnisse bringt und alte Vorurteile gegen die Bibel als für den feiertäglichen Gebrauch bestimmte Sammlung frommer Sprüche abbauen hilft, sondern auch echte Freude macht. Texte der Bibel und ihre Lektüre haben dazu beigetragen, daß in den Gruppen vielen die Zungen gelöst wurden, wodurch Gruppenkonflikte artikulierbar und behandlungsfähig gemacht werden konnten, die vorher uneingestanden und unbewußt das praktische Vorgehen behinderten.
In der materialistischen Bibellektüre geht es daher um ein Dreifaches: a) Es geht darum zu zeigen, inwiefern in der Bibel nicht nur Lebensäußerungen der Unterdrückten verstreut enthalten, sondern die Armen das eigentliche Subjekt der Bibel sind; b) es geht daher darum, die Bibel denen zu entreißen, die sie sich widerrechtlich angeeignet und an die Kette gelegt haben; c) es geht darum, die Bibel so zu lesen, daß in ihrem Licht sowohl unsere politische Praxis neue Klarheit erhält, wie auch diese wieder dazu beiträgt, in den Schriften des Alten und Neuen Testaments bisher unentdeckte Paradigmata einer subversiven Praxis zu finden.

3 *Was bedeutet in diesem Zusammenhang das Stichwort »materialistisch«?*

Da sich die materialistische Lektüre fraglos in zumindest sozialistisch, wenn nicht marxistisch orientierten Gruppen abspielt, ist auch die Deutung des Stichwortes »materialistisch« im Ausgang von dieser politisch-praktischen Grundorientierung vorzunehmen.

3.1 Hauptsächlicher Bezugspunkt einer materialistischen Lektüre ist die »umwälzende Praxis«[7] als konkretes epistemologisches Prinzip, d.h. die jeweilige Veränderungspraxis bestimmt auch die Reichweite der entwickelten Begriffe und Theorien und wird zum Wahrheitskriterium für die mit ihnen gemachten Aussagen. Dies gilt auch für die Hermeneutik der Bibelauslegung.
Es handelt sich also um einen praktischen und nicht metaphysischen Materialismus. Dieser geht vom Begriff der Produktion aus, welche nach Marx für den Menschen artbestimmend ist. Die Menschen »fangen an, sich von den Tieren zu unterscheiden, sobald sie anfangen, ihre Lebensmittel zu produzieren . . .«[8]. Unter die produktiven Tätigkeiten rechnet Marx auch die Kunst und damit Literatur als deren spezielle Form. »Religion, Familie, Staat, Recht, Moral, Wissenschaft, Kunst etc. sind nur besondere Weisen der Produktion und fallen unter ihr allgemeines Gesetz.«[9] Zwischen den aufgezählten produktiven Tätigkeiten bestehen jedoch auch gravierende Unterschiede, wie z.B. zwischen Kunst und Wissenschaft: »Das Ganze, wie es im Kopfe als Gedankenganzes erscheint (wissenschaftliche Erforschung der gesellschaftlichen Totalität) ist ein Produkt des denkenden Kopfes, der sich die Welt in der ihm einzig möglichen Weise aneignet, einer Weise, die verschieden ist von der künstlerischen, religiösen, praktisch geistigen Aneignung dieser Welt.«[10] Um jedoch den Stellenwert des Schreibens, Lesens und der Literatur – und zu ihr ist auch die Bibel zu rechnen – in einer Gesellschaftsformation richtig einschätzen zu können, ist es notwendig, auf eine materialistische Theorie der Literatur zurückzugreifen[11].
Hierzu ist zunächst die von Marx für jeden wissenschaftlichen Materialismus aufgestellte Leitlinie zu beachten: »Es ist in der Tat viel leichter, durch Analyse den irdischen Kern der religiösen Nebelbil-

dung zu finden als umgekehrt, aus den jedesmaligen wirklichen Lebenverhältnissen ihre verhimmelten Formen zu entwickeln. Die letztere ist die einzige materialistische und daher wissenschaftliche Methode.«[12]

Für eine materialistische Literaturtheorie ergibt sich damit in groben Zügen und zusammengedrängt formuliert folgendes: Wenden wir die genannte Maxime von Marx auf die literarische Produktion von Texten an, dann heißt sie, daß Literatur als Produkt gesellschaftlicher Praxis zu begreifen ist und ihren Charakter aus den jeweiligen Verhältnissen erhält.

Literarische Produktion ist eine *Form ideologischer Produktion*. So wie jede andere ideologische Produktion ist auch die literarische determiniert durch die Relation zwischen Basis und Überbau und die Klassenkämpfe. Textproduktion ist das bevorzugte Feld der Auseinandersetzung zwischen den rivalisierenden Ideologien einer Gesellschaftsformation. Die Grundstruktur literarischer Texte ergibt sich aus der Bearbeitung dieses Hauptwiderspruches. Literatur ist daher in sich immer unvollständig, inkohärent und für neue Lektüre offen. Die sogen. »Einheit des Kunstwerks« ist nur eine Metapher für das Bestreben, durch Schaffung eines sekundären semiotischen Systems (= literarischen Sprache) gesellschaftliche Konflikte symbolisch zu lösen und eine fiktive Versöhnung herzustellen.

Eine materialistische Literaturtheorie identifiziert Textsorten und Textgattungen als Variationen einer allgemeinen gesellschaftlichen Formbestimmung von Literatur und analysiert die religiöse, politische, juristische etc. Thematik eines Textes in Abhängigkeit von ihrer Funktion. Folgerichtig wird auch die Auffassung von Literatur als Resultat genialer bis mysteriöser individueller Kreativität durch die Betonung ihres objektiven Momentes als Widerspiegelung des wirklichen Lebens verdrängt.

Wird Literatur als besondere Form ideologischer *Praxis* begriffen, so heißt dies aber auch, daß sie nicht als von der Realität abgehobene Leistung des Bewußtseins eingestuft werden darf, sondern daß sie ein materieller d.h. praktisch-umgestaltender Faktor der gesellschaftlichen Wirklichkeit ist. Literarische Texte sind nicht nur geistige Zeugnisse des materiellen Lebens, sondern wirken auf dessen Gestaltung zurück. Jede Erzeugung und Verwendung von Literatur ist immer auch Intervention und parteiliche Stellungnahme im Kampf zwischen den rivalisierenden Ideologien einer Gesellschaftsformation und somit ein aktiver Beitrag zur Gestaltung und Ausdifferenzierung ihrer Widersprüche.

3.2 Eine materialistische Lektüre (nicht nur der Bibel) wird sich daher bemühen müssen, den Aspekten der Produktivität und Materialität im Umgang mit Texten gerecht zu werden. Produktivität und Materialität sind dabei jedoch in zweifacher Richtung zu betrachten, um nicht in die Fehler einer Produktionsästhetik einerseits oder Rezeptionsästhetik andererseits zu verfallen[13], d.h. einmal in Bezug auf die Arbeit des Autors, der den Text aus dem gegebenen Material seiner Sprache erzeugt, zum anderen in Bezug auf den Leser (Übersetzer), der sich in der Lektüre den Text erarbeitet, in seine Sprache einpflanzt und ihn sich so einverleibt. Für die Lektüre bedeutet dies, die konstitutiven Elemente, a) die gegebene Sprache, b) den sie benutzenden Autor und die ersten Adressaten des Textes, c) die heutigen Leser unter Berücksichtigung der Texterzeugungs- und der Texterschließungsbedingungen, sowie sie durch die jeweilige Gesellschaftsformation determiniert sind, miteinander ins Spiel zu bringen.
M. Clévenot hat daher an eine materialistische Lektüre folgende Minimalanforderungen gestellt[14]: sie muß dazu führen, a) daß zumindest die syntaktische Grobstruktur des Textes und das Gerüst seiner Aussagen bzw. Handlungen greifbar werden, b) daß die Art und Weise, wie der Autor mit den Mitteln seiner Sprache andern etwas sagt, sichtbar wird, c) daß die Beziehung Autor-Leser und ihre wechselseitige Beeinflussung geklärt wird und d) daß hinreichend viel Information über die jeweilige gesellschaftliche Situation in die Textanalyse mit eingeht.

4 *Welcher Methode ist bei der Lektüre der Vorzug zu geben?*

4.1 Welche Kategorien und Methoden jemand benötigt und welchen Differenzierungsgrad er für sie beansprucht, hängt a) davon ab, in welchem Feld praktischer Bedürfnisse und Erfordernisse er sich zu behaupten hat, und b) davon, welche Standards der Theoriebildung er als verbindlich anerkennt und als fruchtbar und hilfreich für seine Optionen einschätzt. Da es sich bei den Lektüregruppen um Militante und nicht um universitäre Fachleute, erst recht nicht um Wissenschaftstheoretiker handelt, ist bei der Auswahl der linguistischen Methoden das im Punkt a) genannte Kriterium maßgebend.

4.2 Texte sind für ein solches erstes Verständnis[15], das nicht die ganze Auseinandersetzung der modernen Texttheoretiker durchlaufen hat und will, ganz allgemein linguistische Größen, die unter bestimmten gesellschaftlichen Bedingungen erzeugt wurden. Materiell sind Texte Mengen von Signifikanten (= bedeutungstragenden Zeichenkörpern), die durch bestimmte Relationen verknüpft sind. Die Gesamtheit dieser Relationen ergibt die Struktur des Textes. Für die strukturale Textanalyse[16] ist nun eine Relation, nämlich die Opposition zwischen zwei Elementen (gut/böse, stehen/gehen, Jerusalem/Samaria etc.), besonders wichtig. Was ein Text bezwecken soll, merkt man an den Oppositionen, die in ihm vorkommen. Damit ist übrigens auch eine der wichtigsten formalen Brücken zum historischen Materialismus und seiner methodologischen Favorisierung der Widerspüche genannt.

4.3 Die Ermittlung der Produktions- und Rezeptionsbedingungen erfordert nicht nur verläßliche Information über die jeweilige Gesellschaftsformation und ihre generellen Instanzen Ökonomie, Politik und Ideologie, wobei das Zurate-Ziehen einschlägiger Fachliteratur unerläßlich ist, sondern erfordert auch eine Klärung der Art des Textes. Was ist damit gemeint?
Die meisten Leute, und das hat man ihnen bereits in der Schule beigebracht, lesen Texte (die Zeitung, ein Buch, einen Brief) entweder, weil sie wissen wollen, was der Autor des Textes ihnen oder anderen sagen wollte (z.B. ein Freund, ein Lehrer, ein Politiker etc.) oder, weil sie erfahren wollen, was geschehen ist, wie es damals oder heute wirklich war, wer beteiligt war und wer was gemacht hat.
Geht man von diesem zweifachen Grundinteresse aus, so erscheint es plausibel, auch die bei der Bibellektüre vorkommenden Texte in zwei große Gruppen einzuteilen: in Diskurse bzw. Reden einer-

seits (z.B. die Paulusbriefe), Erzählungen bzw. Berichte andererseits (z.B. Markus-Evangelium).
Ein Diskurs ist ein Text, der zwischen einem Ich und einem Du eine Beziehung herstellt und diese bearbeitet (entwickelt, verstärkt, schwächt). Auf der Ebene der linguistischen Merkmale erkennt man den Diskurs an der Gleichzeitigkeit der Verben, der Rolle der Pronomen und Adverben, dem Aufbau der Aussage.
Eine Erzählung dagegen verwischt die Markierungen des Äußerungsvorgangs durch den Autor. Die Ereignisse scheinen sich selber zu erzählen, so daß man nicht genau weiß, wer zu wem spricht. Folglich werden auch die dritte Person und die Zeitform der Vergangenheit als linguistische Merkmale bestimmend. Die durch den Text produzierte Veränderung ist die zwischen den in ihm auftretenden Aktanden bzw. Wirkungsträgern.
Die Unterscheidung zwischen Diskurs und Erzählung steht meist am Anfang der gemeinsamen Textarbeit.

4.4 Die spezifische Produktionsweise eines Textes und die sich aus ihr ergebende Struktur läßt sich nach R. Barthes[17] (und hierin folgen ihm viele Arbeitsgruppen bei ihrer Lektüre) durch Entschlüsselung der sequentiellen Codes finden, während die Einbettung des Textes in eine bestimmte Situation an den indizierenden bzw. kulturellen Codes erkannt werden kann.
Die sequentiellen Codes lassen sich in drei Untergruppen einteilen[18]: den Aktionscode, den analytischen Code und den strategischen Code, deren Wirkungsweise nochmals nach Diskurs und Erzählung spezifiziert werden kann:
a) Der Aktionscode erlaubt uns zu sehen, wer die Darsteller sind und was sie tun (Jesus, die Pharisäer, die Jünger etc.).
b) der analytische Code zeigt uns, wie die Darsteller die Ereignisse lesen und analysieren (die Pharisäer beurteilen Heilungen am Sabbat anders als Jesus).
c) Der strategische Code erlaubt es, das Verhalten der Darsteller aufgrund der Haltung, die sie zueinander einnehmen, zu bewerten (z.B. das Hereinrufen eines Kranken in die Mitte der Synagoge).
Die indizierenden oder kulturellen Codes geben, nachdem der Bauplan des Textes bekannt ist, darüber Auskunft, wie die einzelnen Bauteile in ihm verwandt werden (z.B. Ortsnamen), um den

Sinn des Ganzen aufzubauen. Hierbei kommt es vor allem auf die seriellen Zusammenhänge zwischen den einzelnen Termen an (z.B. ob sie alle etwas mit Gesundheit, Krankheit, Heilung etc. zu tun haben oder z.B. mit Grundbesitz, Geld, verkaufen, Verträgen etc.).

Die wichtigsten kulturellen Codes sind:

a) der geographische Code; er gibt die Gebiete an, wo die Nachricht her kommt oder die Handlung spielt.
b) der topologische Code; er gibt, zumindest in einer Erzählung, die Orte an, ein Haus, die Straße, den See, den Tempel.
c) der chronologische Code; er gibt den zeitlichen Verlauf an.
d) der mythologische Code; er stellt Beziehungen zu dem im ganzen Orient geläufigen Inventar an Mythen auf.
e) der symbolische Code; er verweist auf die biblischen Wert- und Normensysteme.
f) der soziale Code; er nennt die Bezüge zu den wirtschaftlichen und politischen Instanzen der Gesellschaft und zu der Lebenspraxis im allgemeinen.

Die meisten Gruppen beginnen ihre Arbeit damit, daß sie zuerst einmal die Wirkungsweise eines einzigen Codes erforschen und dann weitere dazunehmend das ganze Geflecht nachstricken.

5 *Warum hat die materialistische Lektüre gerade zwischen Historischem Materialismus und Strukturalismus eine Verknüpfung vorgenommen?*

5.1 Eine materialistische Lektüre literarischer Texte läßt sich methodologisch kennzeichnen als einen Versuch, sozio-historische Analyse der Produktion und Rezeption von Texten einerseits und die Bestimmung ihrer spezifischen literarischen Form andererseits für eine intensive Lektüre nutzbar machen.

Der sozio-historische Hintergrund der Analyse wird dabei vom Historischen Materialismus als Theorie der Gesellschaftsformation und Geschichte geliefert, während die formale Bearbeitung des Textes auf der Basis des linguistischen Strukturalismus erfolgt. Ist das nur zufällig oder notwendig so?

5.2 Zumindest aus historischen Gründen läßt sich die Behauptung, es läge eine zufällige Konjunktion vor, zurückweisen. Zwischen marxistisch/materialistischer und formalistisch/strukturalistischer Literaturtheorie gibt es seit den Anfängen des Russischen Formalismus in den 20er Jahren[19], welcher über R. Jakobson und T. Todorov auch im heutigen französischen Strukturalismus weiterwirkt, eine (wenn auch oft übergangene) Problemkomplementarität:

a) Die Marxisten insistieren darauf, daß gezeigt werden muß, wie literarische Texte selbst noch in ihrer Vieldeutigkeit vom sozio-historischen Kontext abhängig sind.

b) Die Formalisten interessieren sich vor allem dafür, wie es dem literarischen Text gelingt, zwischen Zeichen und Realität eine dem sachdienlichen Darstellungszwang entzogene Verbindung herzustellen, worin die relative Autonomie des Kunstwerks liegt.

c) Beide Seiten weichen jede für sich bei der konkreten Arbeit am Text gerne der Fragestellung der anderen aus bzw. kritisieren zur Ablenkung die Vernachlässigung ihres eigenen Untersuchungsaspektes bei der Gegenseite. Nur wenige Literaturtheorien bemühen sich, beide Aspekte gleichzeitig und gleichgewichtig zu behandeln, ausgenommen vielleicht W. Benjamin und Th. W. Adorno, sowie E. Balibar und P. Macherey[20]. Letzteren kommt F. Belo sehr nahe, auch wenn er explizit eher von J. Kristeva ausgeht[21].

Der Versuch, Historischen Materialismus und Strukturalismus bei der Textarbeit dialektisch zu verknüpfen, entspricht also einem schon älteren Desiderat, das allerdings schwer einzulösen ist. Dialektische Vorgehensweise soll dabei besagen, daß bewußt bleiben muß, daß sowohl der ästhetische als auch der sozial-funktionale Aspekt des Textes gesellschaftlich determiniert, aber deswegen noch lange nicht aufeinander reduzierbar sind. Ideologietheorie und strukturale Textanalyse können sich daher vorteilhaft ergänzen, wenn es darum geht zu erklären, wieso ein literarisches Werk wie die Bibel nicht nur unterschiedliche bzw. gegensätzliche Lesarten (eine, die das herrschende Realitätsverständnis stabilisiert, und eine, die es durchbricht) zuläßt, sondern selber bereits das Produkt rivalisierender Lesarten ist und deren fiktionale Versöhnung darstellt.

5.3 Man kann trotzdem darüber streiten, ob die hier vorgeführte Methodenallianz und Lektürepraxis sinnvoll, nützlich und weiterführend ist. Man kann die Frage stellen, ob nicht auch eine ähnlich fruchtbare, wenn nicht noch ergiebigere Vermittlung zwischen historisch-kritischer Methode und Formationsanalyse der Gesellschaft möglich ist. Nach dem Erscheinen des Buches von L. Schottroff/W. Stegemann[22], welches die Vorzüge der Lesbarkeit, gründlichen Information und Kenntnis des derzeitigen Forschungsstandes mit dem Anliegen einer konkret-sozialkritischen Lektüre glänzend zu verbinden weiß, sind die Chancen für eine positive Beantwortung der soeben gestellten Frage m.E. erstmalig gestiegen.

Anmerkungen:

1. Die deutsche Ausgabe des Buches von Belo wird voraussichtlich Frühjahr 1979 in der Übersetzung von F. Fehlen, K. Füssel u. D. Schlechter im Alektor-Verlag, Stuttgart, Kniebisstr. 29, erscheinen. Hinzuweisen ist in unserem Zusammenhang auch auf die im Alektor-Verlag erscheinende neue exegetische Zeitschrift »Texte und Kontexte«, in der Beiträge aus dem Bereich alternativer Bibelauslegung veröffentlicht werden.
2. Die deutsche Ausgabe des Werkes von M. Clévenot erschien 1978 unter dem Titel »So kennen wir die Bibel nicht« im Chr. Kaiser Verlag, München. Da ich in einem Anhang zu dieser deutschen Ausgabe auf die theoretischen Hintergründe näher eingegangen bin, kann ich hier für eine ausführlichere Auseinandersetzung auf diesen Beitrag verweisen.
3. Die deutsche Ausgabe des Werkes von G. Casalis erscheint im Kohlhammer-Verlag, Stuttgart unter dem Titel »Die richtigen Ideen fallen nicht vom Himmel« (1979).
4. Vgl. hierzu auch die Kritik von G. Casalis, welche er in seinem Buch »Die richtigen Ideen fallen nicht vom Himmel«, 3. Kapitel, geäußert hat.
5. F. Belo, aaO. 385
6. »Lettre« erscheint bei: Temps Present; 68, rue de Babylone, Paris 7, Tel. 551.57.13.
7. Vgl. die 3. These von Marx über Feuerbach, in: MEW Bd. 3,534.
8. K. Marx/F. Engels, Die deutsche Ideologie, in: MEW Bd. 3,21.
9. K. Marx, Ökonomisch-philosophische Manuskripte, in: MEW Ergänzungsbd. 1,537.
10. K. Marx, Einleitung zur Kritik der politischen Ökonomie, in: MEW 13,632f.
11. Auf wen F. Belo und M. Clévenot hier zurückgreifen, habe ich näher erläutert in meinem Beitrag: Anknüpfungspunkte und methodisches Instrumentarium einer materialistischen Bibellektüre, in: M. Clévenot, So kennen wir die Bibel nicht, München 1978, 145–170.

12. K. Marx, Das Kapital, Bd. 1 (MEW Bd. 23), 393 Anm. 89.
13. Vgl. P. V. Zima, Kritik der Literatursoziologie, Frankfurt 1978, 72–112.
14. Vgl. M. Clévenot, Lectures matérialistes de la Bible, in: Introduction à la Lecture Matérialiste de la Bible, WSCF-Europa, Genf 1978.
15. Hier liegt ein verständlicher Niveauunterschied vor zwischen den Überlegungen und Forschungen Belos und dem, was davon in den einzelnen Gruppen rezipiert werden kann.
16. Einen Überblick über die verschiedenen Methoden findet man bei M. Titzmann, Strukturale Textanalyse, München 1977.
17. Vgl. insbesondere R. Barthes, S/Z, Frankfurt 1976.
18. Vgl. K. Füssel, aaO. 150–152.
19. Vgl. J. Striedter (Hrsg.), Texte der russischen Formalisten, Bd. 1, München 1969; V. Erlich, Russischer Formalismus, München 1964; M. Bachtin, Marxismus und Philosophie der Sprache. Grundprobleme der soziologischen Methode in der Wissenschaft von der Sprache, Leningrad 1929 (Ullstein 1976).
20. Vgl. E.. Balibar/P. Macherey, Thesen zum materialistischen Verfahren, in: alternative 98, 1974, 193–221.
21. Vgl. K. Füssel, aaO. 152–154.
22. Vgl. L. Schottroff/W. Stegemann, Jesus von Nazareth. Hoffnung der Armen, Stuttgart 1978.

BEISPIELE

Willy Schottroff

Der Prophet Amos
Versuch der Würdigung seines Auftretens unter sozialgeschichtlichem Aspekt[1]

1 *Wer war Amos?*

Das neun Kapitel umfassende Prophetenbuch, das uns unter dem Namen des Amos überliefert ist, ist im Alten Testament als drittes in das »Dodekapropheton« d.h. unter die Bücher der zwölf »kleinen« Propheten eingereiht, die auf die der drei »großen« Propheten Jesaja, Jeremia und Ezechiel folgen[2]. Entgegen dem Eindruck, der sich von daher nahelegen könnte, besagt diese Reihenfolge jedoch nichts über die zeitliche Ansetzung und die Abfolge der einzelnen Propheten[3]. Amos ist in Wirklichkeit der älteste Vertreter der klassischen Schriftprophetie in Israel gewesen.

Anhaltspunkte für seine chronologische Einordnung in die Geschichte der israelitischen Königszeit sowie für die Bestimmung seiner geographischen Herkunft, seiner sozialen Zugehörigkeit und des Rahmens, in dem sich sein Auftreten als Prophet abgespielt hat, liefert uns – neben einigen anderen, über das Amosbuch verstreuten Hinweisen (unter denen insbesondere der in Am 7,10–17 enthaltene Bericht über den Zusammenstoß des Amos mit Amazja, dem Priester des königlichen Reichsheiligtums von Bethel, hervorzuheben ist) – vor allem die Buchüberschrift in Am 1,1.

Nach der Aussage der Buchüberschrift ist Amos in der Regierungszeit[4] der Könige (Asarja-) Usia von Juda (787–736 v.Chr.) und Jerobeam II. von Israel (787–747 v.Chr.) als Prophet aufgetreten. Die Zeitspanne, während der er als Prophet wirken konnte, bis seiner Tätigkeit in Bethel durch den Priester Amazja ein abruptes Ende gesetzt wurde (Am 7,10–17), wird man sich kaum allzu ausgedehnt vorstellen dürfen. Am 1,1 datiert das Auftreten des Propheten »zwei Jahre vor dem Erdbeben«, – womit offenbar das von Amos in Am 2,13; 3,15(?); 9,1 angekündigte Beben gemeint ist, auf das auch Am 8,8; 9.5, ferner Sach 14,5 und vielleicht Jes 2,10–21[6] Bezug nehmen. Diese Formulierung deutet auf höchstens ein Jahr als Dauer seiner prophetischen Tätigkeit. Die Gegebenheiten der zeitgeschichtlichen Situation lassen das Auftreten des Amos innerhalb der vierzigjährigen Regierungszeit Jerobeams II. von Israel am ehesten etwa von deren Mitte an denkbar erscheinen. Es ist jedoch wohl spätestens im Jahre 760 v.Chr. anzusetzen. Denn 759 (oder – so nach anderer Berechnung – erst 756?) v.Chr. begann in Juda die Zeit der Mitregentschaft Jothams für seinen an Aussatz erkrankten Vater (Asarja –) Usia (vgl. 2Kön 15,5; 2Chr 26,16–21). – Diese hätte in der Überschrift des Amosbuches sicher ebenso wie in Jes 1,1 und Hos 1,1 Berücksichtigung gefunden, wenn Amos erst nach 760 v.Chr. aufgetreten wäre.

Amos hat als Prophet im Nordreich Israel gewirkt: in dessen Hauptstadt Samaria (Am 3,9; 4,1; 6,1; 8,14), am Heiligtum von Bethel (Am 3,14; 4,4; 5,5f; 7,10.13)[7] und vermutlich auch an dem von Gilgal (Am 4,4; 5,5). Seiner Herkunft nach ist er jedoch Judäer gewesen. Seine Heimat war der kleine, 17 km südlich von Jerusalem im judäischen Bergland auf der Grenze zwischen fruchtbarem Kulturland (im Westen) und dem Steppengebiet der »Wüste Juda« (im Osten nach dem Toten Meer zu) gelegene Ort Thekoa (Am 1,1).

Wie ihn die Erzählung über seine Auseinandersetzung mit dem Priester Amazja in Am 7,14 nachdrücklich betonen läßt, war Amos von Hause aus kein berufsmäßiger Prophet (nabî')[8], schon gar kein Kultprophet[9], aber auch kein »Prophetenjünger« (bæn-nabî'), d.h. kein Angehöriger einer Prophetengenossenschaft, nach Art desjenigen, der auf Geheiß Elisas zur Zeit Jorams (851–845 v.Chr.), des letzten Nordreichkönigs aus der Omridynastie, den »Obristen« Jehu zum König über Israel salbte (2Kön 9,1–13) und damit den Auftakt zu dessen Staatsstreich gab. Fern liegt schließlich auch das Mißverständnis, dem der Betheler Priester Amazja erlegen sein mag, der in Amos vielleicht einen in institutioneller Bindung an den Jerusalemer Königshof stehenden Seher (ḥozǣ, Am 7,12) gesehen hat, der im Nordreich in judäischem Interesse Aufruhr gegen Jerobeam II. predigte (vgl. Am 7,10)[10]. Demgegenüber wird das Auftreten des Amos als Prophet von der Erzählung Am 7,10–17 auf einen ausdrücklichen, nicht weiter ableitbaren Auftrag Jahwes zurückgeführt (Am 7,15), der Amos aus seinen bisherigen Lebens- und Berufsbezügen löste und ihn in das Nordreich Israel brachte[11]. Amos selbst hat in Am 3,3–8 diese Beauftragung als einen von außen kommenden Zwang beschrieben, dem er, ohne widerstehen zu können, folgen mußte. Wir haben keinen Anlaß, an der primär religiösen Motivation seines prophetischen Auftretens zu zweifeln, wenn es auch nötig ist, die Sachgründe noch genauer darzulegen, die diese Motivation implizierte und die in der Gottesvorstellung des Amos ihren Hintergrund haben.

Der Beruf, dem Amos in seiner judäischen Heimat zunächst nachgegangen ist, scheint sich jedoch in Bahnen bewegt zu haben, die ihm durch seine ländliche Herkunft gewissermaßen vorgezeichnet gewesen sind. Er ist Herdenbesitzer, vielleicht jedoch nur Viehhirte gewesen[12] und besaß (als noqed, Am 1,1) Kleinvieh (Am 7,15) d.h. Schafe und Ziegen und (als bôqer, Am 7,14) Großvieh d.h. Rinder (bzw. hatte diese als Hirte nur in seiner Obhut). Daneben war er (als bôles »Maulbeerfeigenritzer«, Am 7,14) mit Sykomoren befaßt, die zwar nicht in der unmittelbaren Umgebung von Thekoa auf dem judäischen Bergland, wohl aber in noch erreichbarer Entfernung in den Niederungen des Jordangrabens und in der Küstenebene am Mittelmeer gedeihen. Er ritzte entweder deren wohlschmeckende, feigenartige Früchte, um sie auf diese Weise schneller zur Reife zu bringen, oder – genauer läßt sich dies nicht festlegen – er sammelte deren Früchte und Blätter als zusätzliches Futter für sein Vieh[13].

Die Angaben, die sich in Am 1,1; 7,14 über den Beruf des Amos finden, lassen dessen soziale Herkunft in der Schwebe. Allzu niedrig wird man diese aber nicht ansetzen dürfen. Denn es ist ihm ja immerhin möglich gewesen, die hohe Sprachkultur und die Vertrautheit mit der Breite der Bildungstradition Israels zu erwerben, von der seine im Amosbuch erhaltenen Prophetenworte zeugen.

2 *Das Amosbuch und seine Probleme*

Daß uns in der Geschichte der israelitischen Prophetie erstmals unter dem Namen des Amos ein Prophetenbuch überliefert wird, bedeutet einen beachtlichen Zugewinn an Authentizität gegenüber der Überlieferung über frühere Propheten wie z.B. über Elia und Elisa, über die wir noch ausschließlich durch erzählerische Fremdberichte von weithin sagen- oder legendenhafter Eigenart unterrichtet sind.

Dennoch darf diese neue Form der Prophetenüberlieferung, die Angaben über die Person und das Auftreten des Propheten (vgl. Am 1,1; 7,10–17) mit Visionsschilderungen (vgl. Am 7,1–9; 8,1–3; 9,1-4) und den jetzt vor allem in den Vordergrund tretenden prophetischen Aussprüchen verbindet, in ihrem Wert nicht überschätzt werden. Vor allem darf sie nicht in der Weise mißverstanden werden, als stamme alles, was das uns unter dem Namen des Amos überlieferte Buch enthält, auch von ihm oder als habe er dieses Buch selbst aufgezeichnet[14]. Zwar haben die Propheten gelegentlich einzelne Worte (vor allem aber wohl ihre Visionen) selbst niedergeschrieben (vgl. Jes 8,1–4; 30,8; Jer 30,2f; 51,59–64; Ez 43,10f; Hab 2,2f) oder einem Schreiber diktiert (vgl. Jer 36,1–32). Aufs ganze gesehen scheint diese Schriftstellerei jedoch eher einen begrenzten Umfang gehabt zu haben oder sogar die durch jeweils besondere Umstände bedingte Ausnahme gewesen zu sein: die großen vorexilischen Propheten sind jedenfalls in erster Linie Redner und nicht Schriftsteller gewesen.

Die Aufzeichnung ihrer Aussprüche war erst das Werk Späterer, zunächst das ihrer Schüler und sonstiger Anhänger. Wenn bei diesen der prophetische Lehrer auch in so hohem Ansehen stand, daß man sich die Sammlung und Pflege seiner Aussprüche zur ausdrücklichen Aufgabe machte, so galt diesem Tradentenkreis die Hinterlassenschaft des Propheten doch keineswegs schon als derart unantastbar, daß die aktualisierende Weiterführung der überkommenen Worte durch mancherlei Zusätze, mit denen die prophetische Botschaft auf die neuen Gegebenheiten einer veränderten Zeitsituation angewandt wurde, unmöglich gewesen wäre. Dies war im Gegenteil sogar so sehr die Regel, daß im Blick auf jedes einzelne Prophetenbuch jeweils eigens gefragt werden muß, in welchem Ausmaß der auf den betreffenden Propheten selbst zurückzuführende Grundbestand »echter« Überlieferung durch solche nachträglichen Hinzufügungen überfremdet ist[15].

Für das Amosbuch hat diese Frage bis heute noch keine einhellige, allseits anerkannte Beantwortung gefunden. Die beiden jüngsten deutschsprachigen Amoskommentare von H. W. Wolff[16] und W. Rudolph[17] beispielsweise belegen die offene Forschungssituation vielmehr schon damit, daß in ihnen die Lösung der vom Amosbuch aufgegebenen literarischen Probleme auf zwei ganz verschiedenen Wegen gesucht wird.

Rudolph denkt sich das uns heute vorliegende Amosbuch durch die Vereinigung dreier ursprünglich getrennter Teilsammlungen von Amosgut (a) Am 1–2; b) Am 3-6; c) Am 7–9) entstanden und meint, – abgesehen von einigen Versumstellungen vor allem im dritten Teil des Buches –, bei der Wiederherstellung des ursprünglichen, auf Amos selbst zurückgehenden Überlieferungsbestandes mit der Ausscheidung einer relativ begrenzten Anzahl glossierender Erweiterungen auskommen zu können[18]. Lösungen dieser Art sind seit J. Wellhausen[19] verschiedentlich versucht worden[20]. Es ist jedenfalls zweifelhaft, ob sie den vermutlich sehr viel komplexeren überlieferungs- und redaktionsgeschichtlichen Vorgängen, denen unsere Prophetenbücher ihre Entstehung verdanken, wirklich gerecht werden.

Diesen werden wohl eher Schlußfolgerungen wie diejenigen gerecht, zu denen Wolff als Ergebnis seiner Analyse des Amosbuches gelangt ist, – auch wenn Wolffs Versuch, das Werden der Amosüberlieferung zu rekonstruieren, auf Kritik gestoßen ist und ihm seither andere Lösungsvorschläge gegenübergestellt worden sind[21]. Wolff betrachtet als Kern der Amosüberlieferung einerseits den Grundbestand der in Am 3-6* enthaltenen Sammlung der »Worte von Amos . . . aus Thekoa« (Am 1,1a*), andererseits die von ihm auf den Propheten selbst zurückgeführte »Zyklenniederschrift«, der er neben dem Zyklus der Völkersprüche (Am 1,3–2,16*) den Zyklus der Visionen (Am 7,1–9; 8,1–3; 9,1–4) zurechnet. Nach Wolffs Auffassung sind diese beiden Überlieferungskomplexe von einer um 735 v.Chr. in Juda wirkenden »alten Amosschule« miteinander verbunden und um Am 1,1b* (»die er über Israel schaute . . . zwei Jahre vor dem Erdbeben«); 5,5a.13–15; 6,2.6b; 7,9–17; 8,3–14*; 9,7.8a.9f ergänzt worden. Weitere Zusätze und Überarbeitungen, durch die das Amosbuch schließlich seine heutige Gestalt erlangt hat, führt Wolff auf eine »Bethel-Interpretation der Josiazeit« (639-609 v.Chr.: Am 1,2; 3,14b*; 4,6–13; 5,6.8f; 9,5f), eine »deuteronomistische Redaktion« in der Exilzeit (Am 1,1*.9–12;

2,4f.10–12; 3,1b.7; 5,25f; 6,1*; 8,11f?) und die nachexilische Heilseschatologie« (Am 5,22a*; 6,5*; 9,8b.11–15) zurück.
Im folgenden soll kein neuer Versuch einer literarischen Analyse der Amosüberlieferung unternommen werden. Vielmehr werden die Ergebnisse von Wolffs Analyse vorausgesetzt, die unter Aufnahme und kritischer Weiterführung wichtiger Vorarbeiten[22] ihrerseits zu einem Bild vom Werden der Amosüberlieferung gelangt ist, das den komplexen Bearbeitungsprozessen, denen unser heutiges Amosbuch in Wirklichkeit seine Entstehung verdankt, wohl recht nahe kommt. Zur Begründung, weshalb im folgenden bestimmte Stellen des Amosbuches für sekundär gehalten werden und daher für den historischen Amos außer Betracht bleiben, ist deshalb hier ein für allemal auf den Amoskommentar von H. W. Wolff zu verweisen.

3 *Die Zeit des Amos*

Über die zeitgeschichtlichen Ereignisse, die das Auftreten des Amos begleiteten, sind wir verhältnismäßig schlecht unterrichtet[23]. Für Jerobeam II. (787–747 v.Chr.) und seine Regierungszeit verfügen wir, sieht man einmal ab von den Informationen, die uns das Amosbuch selbst bietet, nur über die wenigen Angaben, die in der knappen Notiz über ihn in 2Kön 14,23–29 enthalten sind[24]. Hinzu kommen einige wenige epigraphische Zeugnisse aus dem Nordreich Israel zur Zeit Jerobeams II. wie das in Megiddo gefundene Siegel eines hohen königlichen Funktionärs mit der Inschrift »(Gehörig dem) Šema^{c}, dem Knecht Jerobeams«[25] und ein Teil der Samariaostraka[26], die beide jedoch kein Licht auf die Ereignisse der Zeitgeschichte werfen. Etwas ausführlicher sind die Nachrichten, die uns in 2Kön 14,21f; 15,1–7; 2Chr 26,1–23[27] über die Regierungszeit des gleichzeitigen Königs (Asarja-) Usia von Juda (787–736 v.Chr.) zur Verfügung stehen. Der Zugewinn an Einsichten, der sich aus diesen Stellen für die bessere Erkenntnis der historischen Begleitumstände von Amos' Auftreten ergibt, ist jedoch recht gering.
Immerhin hat das, was das deuteronomistische Geschichtswerk in 2Kön 14,25.28 über die Erfolge Jerobeams II. berichtet, zu der

verbreiteten Auffassung Anlaß gegeben, daß es sich bei der Regierungszeit dieses Königs um eine letzte Periode der inneren und äußeren Ruhe, der politischen Stabilität und der wirtschaftlichen Blüte gehandelt habe, die dem Nordreich Israel zwischen den anhaltenden, wechselvollen Auseinandersetzungen mit seinen Nachbarn, insbesondere den Aramäern, in der zweiten Hälfte des 9. Jahrhunderts v.Chr. einerseits und der seit der Thronbesteigung Tiglatpilesers III. (745–727 v.Chr.) immer bedrohlicher werdenden Gefährdung seiner Existenz durch die Assyrer andererseits beschieden gewesen ist[28]. Dieses Bild ist aber nur mit gewissen Einschränkungen richtig. – So trifft es allerdings zu, daß es den Königen Joas (802–787 v.Chr.) und Jerobeam II. gelungen ist, die Gebietsverluste rückgängig zu machen, die das Nordreich von der Mitte des 9. Jahrhunderts v.Chr. an, vor allem aber seit dem Beginn der Jehudynastie (845 v.Chr.), der diese beiden Könige angehören, in seinen östlich des Jordans gelegenen Landesteilen erlitten hatte (vgl. 2Kön 10,32f): hier konnte jetzt ungefähr der territoriale Besitzstand wiederhergestellt werden, der in der davidisch-salomonischen Zeit einmal gegeben gewesen ist (vgl. 2Kön 13,24f; 14,25.28)[29].

Welche Vorgänge zu diesen Gebietseinbußen geführt haben und wodurch der Rückgewinn der verlorenen Gebiete ermöglicht wurde, wird aus den uns zur Verfügung stehenden Quellen nicht mehr in allen Einzelheiten deutlich. Anscheinend ist es aber bereits während der Regierungszeit Ahabs von Israel (871–852 v.Chr.) zu ersten heftigen kriegerischen Verwicklungen zwischen Israel und dem Aramäerstaat von Damaskus gekommen, obwohl gerade derselbe Ahab noch 853 v.Chr. in einer antiassyrischen Koalition syrisch-palästinischer Fürsten Seite an Seite mit Hadadeser (-Benhadad II.) von Damaskus bei der nordsyrischen Stadt Qarqar gegen den assyrischen König Salmanassar III. (858–824 v.Chr.) gekämpft hatte[30].

Die Auseinandersetzungen mit Damaskus dauerten auch in der Folgezeit unter Joram (851–845 v.Chr.), dem letzten König der Omridynastie, an (vgl. 2Kön 8,28f; 9,14f). Sie waren, wie es scheint, seit Jehu von Israel (845–818 v.Chr.) und dem etwa gleichzeitig mit ihm, ebenfalls gewaltsam auf den Thron gelangten (vgl. 2Kön 8,7–15) Hasael von Damaskus (845–802 v.Chr.), sogar durch

Israel zur Zeit
Jerobeams II.
0 10 20 30 40 50 km
Damaskus
HERMON
ARAM
Tyrus
Dan
PHÖNIKIEN
MITTELMEER
Hazor
BASAN
Karnaim
KARMEL
Kison
Gath Hepher
Aphek
Jarmuk
Megiddo
Jesreel
Ramoth
Dothan
ISRAEL
Jordan
GILEAD
Thirza
Samaria
Sichem
Lodebar
Jabbok
Bethel
Rabba
Gilgal
Bach der Araba
AMMON
Ekron
Asdod
Jerusalem
Askalon
Gath
Thekoa
WÜSTE JUDA
TOTES MEER
Gaza
PHILISTER
JUDA
Kerioth
Aroer
Arnon
MOAB
Beerseba
Sodom und
Gomorrha
Wadi el-Araba
Wadi el-Hesa
Bozra
EDOM
Theman

besondere Grausamkeit und Härte gekennzeichnet (vgl. 2Kön 8,12; Am 1,3) und verliefen von nun an für Israel wenig glücklich (vgl. 2Kön 10,32f; 13,3.7.22). Lagen die Schauplätze der Auseinandersetzungen zunächst noch an der Peripherie des israelitischen Gebiets, – im nördlichen Ostjordanland, bei Aphek östlich des Sees Genezareth (1Kön 20,26–30.34; vgl. 2Kön 13,17) und dem südöstlich davon zu suchenden Ramoth in Gilead (1Kön 22; 2Kön 8,28f; 9,1–16), – so hören wir bald auch von aramäischen Übergriffen auf das westlich des Jordans gelegene ephraimitische Kerngebiet (vgl. 2Kön 6,8–23 mit Nennung von Dothan), ja sogar von einer Belagerung der Hauptstadt Samaria durch die Aramäer (2Kön 6,24–7,20). Begünstigt durch die kriegerischen Auseinandersetzungen, in die Israel mit den Aramäern verwickelt war, und vielleicht sogar direkt in einem Bündnis mit diesen, dehnte Moab, wie wir aus der Inschrift seines Königs Meša^{c} erfahren[31], (wohl unter Jehu) sein Gebiet vom Arnon aus nach Norden bis in die Höhe des Nordendes des Toten Meeres aus. Ferner erfolgten jetzt und wohl auch in der Folgezeit Einfälle moabitischer (vgl. 2Kön 13,20f) und ammonitischer Streifscharen (vgl. Am 1,13) in die ostjordanische Landschaft Gilead (wenn es sich dabei nicht sogar um den Versuch einer dauernden ammonitischen Expansion in diesem Gebiet gehandelt hat). Auch im Westen ist es offenbar von Seiten der Philister zu solchen streifzugartigen Übergriffen auf israelitisches Gebiet gekommen (vgl. Am 1,6)[32].

Wenn Israel andererseits seit dem Regierungsantritt Joas' im Jahre 802 v.Chr. die schrittweise Wiederherstellung seines territorialen Besitzstandes gelungen ist, so hängt dies möglicherweise zu einem Teil auch mit dem anhaltenden Druck zusammen, der in der zweiten Hälfte des 9. Jahrhunderts v.Chr. von Assyrien auf Damaskus ausgegangen ist. Von dem assyrischen König Salmanassar III. (858–824 v.Chr.) sind uns verschiedene Feldzüge nach Westen in den syrisch-palästinischen Raum bekannt; und sein Enkel Adad – nirāri III. (810–783 v.Chr.) ist 805 und 802 v.Chr. noch zweimal nach Syrien gezogen und hat bei diesen Gelegenheiten den Tribut von Damaskus entgegengenommen[33]. – Doch darf man andererseits die Wirkung dieser assyrischen Eingriffe in die Geschicke des syrischen Raumes auch nicht überschätzen. Es handelt sich dabei um begrenzte Maßnahmen, die noch keine dauernde Beherrschung dieses Gebietes durch die Assyrer begründeten. Überdies setzte gerade während der Regierungszeit Adad-nirāris III. ein deutlicher Machtverfall Assyriens ein, der eine etwa ein halbes Jahrhundert währende Schwächeperiode dieses Reiches einleitete, die bis zum Regierungsantritt Tiglatpilesers III. (745 v.Chr.) reichte. Bedingt war die Schwäche Assyriens durch die Heraufkunft einer neuen Großmacht im Norden, des Reiches von Urartu, das nun aus seinem Kerngebiet im ostanatolischen Bergland um den Van-See herum ins nördliche Syrien und nach Assyrien vorstieß[34]. Die Schwäche Assyriens ließ im syrischen Raum aber neu Rivalitäten zwischen den Aramäerstaaten entstehen, die die territoriale Restitution Israels offenbar stärker begünstigt haben als die voraufgehenden Syrienfeldzüge der Assyrerkönige. So hören wir zu Beginn des 8. Jahrhunderts v.Chr. von kriegerischen Auseinandersetzungen zwischen einer von Benhadad III. von Damaskus (802 – ? v.Chr.) geführten Koalition syrischer Kleinstaaten einerseits und Zakir von Hamath und La^{c}asch andererseits[35], die die Kräfte dieser Staaten wohl weitgehend gebunden hat.

Israels Restitutionspolitik unter den Königen Joas und Jerobeam II. glückte anscheinend zumindest solange, wie die syrischen Kleinstaaten untereinander in Kriegshandlungen verstrickt waren. Für die Regierungszeit Jerobeams II. spielt Amos in Am 6,13 auf zwei wohl in deren erste Hälfte fallende Siege bei Lodebar und Karnaim an, die die Zeitgenossen vermutlich als wichtige Etappen im Vollzug der durch den Heilspropheten Jona ben-Amitthai angekündigten Rückeroberung der zwischenzeitlich verloren gegangenen ostjordanischen Gebiete Israels »vom Zugang nach Hamath bis zum Meer der ^{c}Araba« (2Kön 14,25) bzw. »bis zum Bach der ^{c}Araba« (Am 6,14) – d.h. von einem schwer zu bestimmenden Punkt im Norden[36] bis zum Nordende des Toten Meeres im Süden[37] – betrachteten. Diese Siege, die in den Augen der Zeitgenossen wohl als Bestätigungen für die Heilsprophetie Jonas galten, begründeten, wie es scheint, in Israel verbreitete Selbstsicherheit (vgl. Am 6,1–7), nationales Hochgefühl (Am 6,8; 8,7) und die Hoffnung auf einen bevorstehenden »Tag Jahwes« (Am 5,18f), mit dem man die Erwartung noch größere Erfolge verband, – eine anscheinend, aufs ganze gesehen, unrealistische Einschätzung der wirklichen Situation.

Denn diese war möglicherweise bereits von der Mitte der Regierungszeit Jerobeams II. an in zunehmenden Maße wiederum durch von außen (von den Aramäern und Ammonitern) kommende Schwierigkeiten gekennzeichnet[38]. Wenn Am 6,6b vom »Zusammenbruch Josephs« redet, der bereits eingetreten sei, aber die ganz dem Wohlleben hingegebenen verantwortlichen Kreise des Volkes in der Hauptstadt Samaria nicht weiter bekümmere, so deutet dieses Wort, falls es nicht doch erst auf den Schülerkreis des Amos zurückgehen sollte (s. dazu oben Abschnitt 2), auf eine schon um 760 v.Chr. zumindest in den Randgebieten des Nordreichs gegebene, deutliche Verschlechterung der Lage für Israel hin. Die Situation, in die Israel damals hineingeraten war, dürfte jedenfalls so geartet gewesen sein, daß die von Amos in Am 6,14 vorgenommene, von bitterer Ironie getragene Umkehrung der Heilsprophetie des Jona ben-Amitthai dem nüchterner gesonnenen Zeitgenossen durchaus als denkbar erschienen sein mochte[39]: daß nämlich Jahwe dabei sei, ein Volk zu erwecken, damit es das Haus Israel bedränge »vom Zugang nach Hamath bis zum Bach der ʿAraba« d.h. im ganzen Ostjordanland. Und Amos muß immerhin einem Teil seiner Zeitgenossen noch als glaubhaft erschienen sein, wenn er in Am 5,1–3, als sei die dort allerdings dem ganzen Nordreich angedrohte Katastrophe schon perfekt, sogar ein Leichenlied auf die Jungfrau Israel anstimmte, die »gestürzt ist und nicht mehr aufsteht«, oder wenn er in Am 8,2b Jahwe in der Deutung der Vision vom Korb mit Sommerobst den Satz sagen läßt, der die Zukunftsperspektive zusammenfaßt, die Israel nach Amos einzig noch bleibt: »Gekommen ist das Ende für mein Volk Israel.«[40]

4 *Der soziale Hintergrund der Botschaft des Amos*[41]

Mag die an den Rändern des Staatsgebiets Israels in dieser Zeit zunehmend spürbarer werdende Gefährdung des Nordreiches von außen auch den Anlaß und den Anknüpfungspunkt für diese düstere Zukunftsperspektive abgegeben haben, – ihr eigentlicher Grund ist jedoch nicht in den äußeren Zeitverhältnissen, sondern in den inneren Zuständen in Israel zu suchen. Hier haben die militärischen Erfolge unter Joas und Jerobeam II. offensichtlich eine Periode relativer Ruhe und wirtschaftlichen Wohlstandes begründet, von dem freilich in erster Linie, wenn nicht sogar ausschließlich die staatstragende Oberschicht des Nordreiches Israel profitiert zu haben scheint. Der aufwendige, vom Luxus geprägte Lebensstil dieser »Vornehmen des Erstlings der Völker« (Am 6,1b), wie Amos die Angehörigen der führenden Schicht des Volkes Israel in der Hauptstadt Samaria spottend nennt, wird von ihm in seinen Prophetensprüchen jedenfalls betont herausgestellt.

Nach außen hin dokumentiert sich der Reichtum dieser Schicht sinnenfällig in ihrer gesteigerten Bautätigkeit. Dem wachsenden Komfortbedürfnis der israelitischen Oberschicht genügte jetzt, wie es scheint, nicht mehr jeweils ein Haus, das einer Familie ausreichende Unterkunft zu bieten vermochte, sondern man erstrebte in klimatisch günstiger Lage ein Haus für jede der beiden Hauptjahreszeiten, ein »Winterhaus« und ein »Sommerhaus« (Am 3,15a)[42]. Diese Häuser waren in sorgfältig ausgeführter Mauertechnik unter Verwendung behauener Quader errichtet (Am 5,11a). Im Unterschied zu den durchweg gleichgroßen, in Anlage und Bauausführung gleichartigen Familienbehausungen der frühen Königszeit (10.–9. Jahrhundert v.Chr.) wird für das 8. Jahrhundert v.Chr. etwa in Thirza (tell el-fār^{c}a), einer in der Nähe von Sichem gelegenen Stadt und zeitweiligen Hauptstadt des Nordreiches Israel (vgl. 1Kön 14,17; 15,21.33; 16,6.8.9.15.17.23f), nun auch am archäologischen Befund die von Amos vorausgesetzte besondere Art der Wohnbauten der israelitischen Oberschicht deutlich erkennbar[43]. Hier in Thirza lagen die größeren und durch ihre sorgfältigere und aufwendigere Bauausführung hervorstechenden Häuser der Reichen jetzt in einem eigenen Viertel beisammen, das durch eine Mauer von den anderen Teilen der Stadt abgegrenzt war, in denen sich die kleineren und ärmlicher gebauten Häuser der übrigen Stadtbevölkerung befanden.

Auch die Innenausstattung der Häuser der Reichen war durch luxuriösen Aufwand gekennzeichnet: durch die Verwendung von Elfenbein und kostbarem Ebenholz (oder: mehrfarbigen Vorhängen bzw. Teppichen?, Am 3,15b)[44]. Der aufwendigen Ausstattung dieser Oberschichthäuser entsprach die Kostbarkeit der Einrichtungsgegenstände und Möbel. So werden in Am 3,12; 6,4 gepolsterte und mit kunstvoll geschnitzten Elfenbeinplatten verzierte Betten erwähnt[45].

Auf ihnen nahm man bei den zahlreichen Gelagen Platz (Am 3,12; 6,4–6), die die Oberschicht abhielt (vgl. Jes 28,1–4 und für Juda bzw. Jerusalem: Jes 5,22; 28,7–13; Mi 2,11). Oft gab man sich, wie wir bei Jesaja für Jerusalem hören (Jes 5,11f), aber wohl auch für die Oberschicht in Samaria voraussetzen dürfen, schon am frühen Morgen dem Weingenuß hin. Die Frauen der führenden Kreise von Samaria, die Amos voller Spott vielleicht wegen der Üppigkeit ihrer feisten Figuren, vermutlich aber eher im Blick auf ihr anspruchvolles Wesen und ihre Rücksichtslosigkeit den Kühen der ostjordanischen Landschaft Basan verglich[46], machten dabei keine Ausnahme (Am 4,1). Die turbulente Ausgelassenheit, die bei den Gelagen herrschte, fand ihren Ausdruck in Musik und Gesang (Am 6,5; vgl. auch 6,7; 8,3a und für Jerusalem Jes 5,12). Das Wohlleben dieser Oberschicht zeigt sich überdies darin, daß bei diesen Gelagen nicht nur Fleisch, das für die breite Bevölkerung nur selten erschwinglich war und darum auch selten auf den Tisch kam, selbstverständlich an der Tagesordnung war, – es waren auch die erlesensten Fleischsorten, die bei diesen Gelegenheiten verzehrt wurden: das Fleisch junger Widder, die draußen als Herdentiere auf der Weide gehalten wurden[47], und das Fleisch von Kälbern, die im Stall gemästet worden waren (Am 6,4b)[48].

Daß die Teilnehmer an den Gelagen für die Körperpflege nur das beste Olivenöl verwendeten (Am 6,6a), versteht sich ebenfalls sozusagen von selbst, und es ist wohl bloß ein Zufall, daß das Amosbuch keine ausführliche Schilderung des Aufwands enthält, den diese Oberschicht mit weiteren kosmetischen Mitteln, ferner mit ihrer Kleidung, ihrem Schmuck und anderem Zubehör trieb. Aber man darf die Lücke, die hier klafft, wohl ohne große Bedenken mit dem Bild ergänzen, das der Amos gegenüber etwas jüngere Jesaja in Jes 3,16–24 von den vornehmen Jerusalemerinnen seiner Zeit entworfen hat: dieses Bild wird auch auf das Samaria zur Zeit Amos zutreffen.

Die kritische Darstellung, die Amos vom Leben und Treiben der führenden Schicht des Nordreiches Israel zur Zeit Jerobeams II. gegeben hat, beabsichtigte keine Luxuskritik an sich oder aus – wie auch immer gearteter – kulturkritischer Absicht; ihr Gegenbild war auch nicht ein Ideal von einfachen Leben oder asketischer Eifer[49]. Amos stand vielmehr dem Luxus und dem aufwendigen Lebensstil der Nordreichsoberschicht kritisch gegenüber, weil ihm der Preis für diesen Reichtum: nämlich die Verarmung und Verelendung weiter Schichten des Volkes, zu hoch vorkam und weil ihm das Mittel, mit dem dieser Reichtum erlangt worden war: die skrupellose Ausbeutung des Volkes durch jene, die dazu in der Lage waren, unerlaubt erschienen – jedenfalls gemessen an den Normen, die für ihn einzig der Grunderfahrung Israels zu entsprechen schienen. Diese Grunderfahrung, die Israel in Geschichte und Gegenwart gemacht hatte, besagte, wie die wenigen Stellen zeigen, an denen Amos das Verhältnis zwischen Jahwe und Israel einmal als ein positives darstellt[50], daß Jahwe das Große (gbh, Am 2,9a) und Starke (ḥason, Am 2,9a) verachtet, daß er auf der Seite der Schwachen und Kleinen (qaṭon, Am 7,2.5) zu finden ist, um ihnen Lebensraum (vgl. Am 2,9) und Lebensmöglichkeit (vgl. Am 7,1–3.4–6) zu schaffen.

Die gesellschaftliche Wirklichkeit Israels zur Zeit Jerobeams II. stand hierzu freilich in einem schreienden Kontrast. Aus dem Amosbuch ergibt sich das Bild einer vielfach differenzierten Gesellschaft, in der an die Stelle weitreichender Solidarität ein System von oben nach unten durch alle Gesellschaftsschichten sich fortsetzender gesellschaftlicher Gewalt getreten war. Daß in Samaria vielfältige Formen der »Einschüchterung« (m^{e}hûmot rabbôt) und der »Bedrückung« (^{ca}sûqîm) an der Tagesordnung waren, daß hier »Gewalttat und Unterdrückung« (ḥamas wašod) den gesellschaftlichen Verkehr bestimmten, wie Am 4,9f hervorhebt, (vgl. auch Am 2,7a; 8,4) wird für das Nordreich Israel ebenfalls von dem – im Vergleich mit Amos – etwas jüngeren Hosea (vgl. Hos 4,2) bestätigt. Auch in Juda müssen – zumindest von der zweiten Hälfte des 8. Jahrhunderts v.Chr. an[51] – ähnliche Zustände geherrscht haben, wie man aus Stellen wie Jes 10,1f (vgl. 5,8.20); Mi 2,1f; Jer 5,26–28; 22,13–17; Ez 34,2–6 entnehmen kann.

Das hervorstechendste Mittel, mit dem die jeweils wirtschaftlich und gesellschaftlich Stärkeren ihre Interessen durchzusetzen wußten, was das der Rechtsbeugung, der eine pervertierte und bestechliche Rechtsprechung nur allzu bereitwillig Tür und Tor öffnete. Insbesondere die Armen, die Witwen, die Waisen und die Fremdlinge, die in sozialer wie rechtlicher Hinsicht in spezifischer Weise schwachen Gruppen des Volkes also, darüber hinaus allgemein aber wohl die sozial Niedrigstehenden überhaupt waren die Opfer dieser im Dienste der Mächtigen und gesellschaftlich Einflußreichen parteiischen Rechtssprechung (vgl. Am 5,7.10; 6,12; s. auch 1Kön 21; Jes 1,21.23; 5,20; 10,1f; Mi 3,1–3.9–11). Sie werden von einer in ihrem Landhunger unersättlichen Oberschicht, die jetzt auf die Bildung von Großgütern (Latifundien) ausgeht (für Juda vgl. Jes. 5,8; Mi 2,1f), in großem Stil auf eine Weise um Haus und Hof gebracht, die an das »Bauernlegen« in der Geschichte der deutschen Ostgebiete erinnert[52].

Mit der Vertreibung vom angestammten Grundbesitz erschöpfte sich freilich der in der damaligen israelitischen Gesellschaft auf die sozial Schwächeren ausgeübte gesellschaftliche und wirtschaftliche Druck bei weitem noch nicht. Gerade die Scheltworte des Amos und die in ihnen enthaltenen konkret-typischen Bilder von offenbar für die damalige Zeit charakteristischen Unrechtssituationen lassen vielmehr vielfältige und quer durch die verschiedenen sozialen Schichten sich fortsetzende Unterdrückungs- und Ausbeutungsverhältnisse erkennen, an denen eben, wie es scheint, nicht nur die Oberschicht beteiligt gewesen ist.

Die Anklagen des Amos verdeutlichen insbesondere das unbarmherzige Geschick, dem ein Schuldner von Seiten seiner Gläubiger (wer immer diese auch waren) entgegensah, wenn er in Zahlungsverzug geraten oder gar ganz zahlungsunfähig geworden war. Erbarmungslos preßte man aus ihm das letzte zur Begleichung der ausstehenden Pacht[53] oder der (in Form von Getreide zu entrichtenden) rückständigen Steuerabgaben heraus (Am 5,11). Rücksichtslos legte man Beschlag auf die Weinernte eines Schuldners, um eine (vielleicht willkürlich hoch angesetzte) Bußgeldforderung (ᶜanôš) zu verwirklichen (Am 2,8b; vgl. dazu Ex 21,22; Dtn 22,19 und s. auch Ex 21,19.30.33f usw.), und ebenso ungerührt nahm man – oft wegen einer Nichtigkeit (vgl. Mi 2,10) – Pfänder, sogar, weil anscheinend der Schuldner sonst nichts Pfändbares mehr hatte, – trotz der entsprechenden Verbote in der ethischen und rechtlichen Überlieferung Israels (vgl. Ex 22,25; Dtn 24,10–13.17; Hi 22,6; 24,9) – seine Kleider (Am 2,8a)[54]. Eine geringe Schuld: der Gegenwert von ein Paar Sandalen, genügte schon, damit der zahlungsunfähige Schuldner in Schuldsklaverei geriet und nun als Unfreier verkauft (Am 2,6) und gekauft (Am 8,6) werden konnte. Den

Gipfel erreichte die Verdinglichung der Menschen in diesen Verhältnissen wohl in dem in Am 2,7 geschilderten Fall eines Sklavenmädchens, das in einem Haus als Lustobjekt für Vater und Sohn zugleich gehalten wurde (vgl. demgegenüber Ex 21,7–11).

Aus der allgemeinen Not zogen schließlich auch die dem Kanaanäertum entstammenden Händler Gewinn, die, wie Amos (in Am 8,5f) es geschildert hat, gar nicht das Ende der ihren Handel behindernden Neumondtage und Sabbate erwarten konnten, um mit gefälschtem Getreidemaß und falscher Geldwaage (vgl. Mi 6,10f; Hos 12,8) – angesichts der herrschenden Armut und der teuren Preisgestaltung – selbst den Abfall des Getreides noch mit Gewinn loszuschlagen.

Faßt man den Eindruck zusammen, den man aus den prophetischen Anklagepunkten der Scheltworte des Amos gewinnt, so will es scheinen, daß in Israel offenbar in der ersten Hälfte des 8. Jahrhunderts v.Chr. eine Entwicklung ihren Höhepunkt erreichte, die spätestens zur Zeit der Entstehung des Königtums aufgekommen war und inzwischen die hergebrachte wirtschaftliche und soziale Verfassung hier in eine tiefgreifende Krise gestürzt hatte. Dabei handelt es sich freilich nicht darum, daß eine ehedem rein agrarische Gesellschaft von einem (an Entwicklungen der frühkapitalistischen Zeit erinnernden) Übergang zu stärkerer Gewerbetätigkeit, Handel und städtischen Lebensformen ereilt worden sei[55]. Vielmehr betreffen diese Veränderungen Entwicklungen, wie sie eine auch weiterhin auf agrarischer Grundlage beruhende Gesellschaft mit dem Übergang von einer gentilen Verfassung zur Staatenbildung gewissermaßen zwangsläufig über sich ergehen lassen mußte. Israels ursprüngliche Verfassung: die einer urtümlichen Geschlechter-Demokratie, die von im Prinzip gleichen und freien dorfsässigen Vollbürgern getragen wurde, wie die Eigenart seines Grundbesitzes: die Vorstellung von dem den einzelnen Sippen und Familien (unter Berücksichtigung der unterschiedlichen Kopfstärke, Num 26,52–56; 33,54) möglichst gleich zugemessen, unveräußerlichen (Lev 25,23), nur im Erbgang weiterzureichenden Erbbesitz (naḥ^{a}lā), wurzeln in den Landnahmevorgängen[56]. An den damals durch Los zugeteilten Grundbesitz knüpften sich die Grundrechte des freien israelitischen Vollbürgers: sein Recht zur Teilnahme an der im Tor der einzelnen Ortschaften tagenden Rechtsgemeinde, ferner: am Kult und – vor allem in der älteren Zeit – das Recht und die Pflicht zur Teilnahme am Heerbannaufgebot (vgl. Neh 2,20). Freilich gaben bereits in dieser Anfangszeit die Wechselfälle der Natur und Geschichte, aber auch unterschiedliches Geschick oder Mißgeschick in der Bewirtschaftung des Bodens und die Unterschiede in der Güte der Äcker, erste Ansätze zu sozialer Differenzierung. Zu nennen sind insbesondere Schwankungen der Witterung, die regional unterschiedliche Ernteerträge bedingten, Seuchen, die den Personal- und Viehbestand der einzelnen Sippen in verschiedener Weise betrafen, ferner: die unterschiedlichen Folgen, die die Pflicht zur Heerbannfolge und die in sie eingeschlossene Pflicht zur Selbstequipierung der heerbannfähigen Männer, die für die Dauer des Kriegszugs zudem bei der Feldarbeit ausfielen, für die Bewirtschaftung der einzelnen Bauerngüter hatten. Auch konnte der allmählichen Bevölkerungszunahme nur in begrenztem Maße durch die Möglichkeit, auf dem Wege der Rodung Neuland zu erschließen (vgl. Jos 17,14–18), begegnet werden: dieses war bald erschöpft, so daß zwangsläufig ein mit Land unterversorgter Bevölkerungsteil entstand.

Bereits vor Beginn der israelitischen Königszeit wird so einer kleineren Schicht reicher und angesehener Familien (vgl. z.B. 1Sam 25,2f) auf der einen Seite eine zahlenmäßig sehr viel stärkere Schicht ärmerer Familien auf der anderen Seite gegenüber gestanden haben. Auch gab es jetzt anscheinend bereits eine ganze Anzahl von Leuten, »die in bedrängter Lage waren«, »in Schulden steckten« (1Sam 22,2) und sich als Söldner – oder als Tagelöhner – verdingen mußten – oder gar, worauf die Tatsache hindeutet, daß das »Bundesbuch« (Ex 20,22–23,33*), das älteste israelitische Rechtsbuch, in seinem Grundbestand mit einem Gesetz über den hebräischen Schuldsklaven begonnen hat (Ex 21,2–11): die schon in dieser Zeit in einer derartigen Zwangslage steckten, daß ihnen keine andere Wahl mehr blieb, als sich wegen ihrer aufgelaufenen Schulden in Schuldsklaverei zu begeben.

Das Königtum nun, das in Israel unter Saul in der Abwehr der Bedrohung durch die Philister, der Not der Stunde gehorchend, zunächst als Heerkönigtum entstanden war und primär die gemeinsame militärische Führung in den Abwehrkämpfen Israels sicherstellen sollte, wurde seinerseits zum treibenden Faktor der sozialen

Entwicklung[57]. Dies lag an den neuen Bedürfnissen, die sich mit dieser in Israel neuen Institution spätestens seit David und Salomo einstellten und deren Befriedigung nicht unerhebliche Mittel erforderte. Neben den Kosten, die die königliche Hofhaltung und die Bautätigkeit mit sich brachten, sind hier der Übergang vom alten, schwerfälligen, bäuerlichen Heerbann zu einem (von der militärischen Entwicklung erforderten) schlagkräftigen Söldnerheer (schließlich mit Streitwagen) und die Einrichtung einer weitverzweigten Administration zu nennen, deren zahlenmäßiges Anwachsen und zunehmende Durchgliederung nach Ressorts man anhand der uns im Alten Testament erhaltenen Nachrichten und Dokumente von Saul (1Sam 14,47–52) über David (2Sam 8,15–18; 20,23–26) bis zu Salomo (1Kön 4) noch verfolgen kann[58]. Nicht zuletzt sind schließlich auch die Kosten zu nennen, die der vom Königtum in Pflege genommene Jahwekult verursachte.

Die Folgen, die dieser verfassungsmäßige Umbruch, der mit der Staatenbildung gegeben war, für den einzelnen Israeliten hatte, verdeutlicht sehr eindrücklich die Samuel in 1Sam 8,10–18 in den Mund gelegte Rede[59]: neben der allgemeinen Statuseinbuße, die die freien israelitischen Vollbürger betraf und aus ihnen Untertanen mit beschränkten Rechten in einer orientalischen Despotie machte, ferner: neben Frondienst- und Abgabeverpflichtungen handelte es sich insbesondere um Eingriffe des Königs in die Grund- und Bodenverhältnisse zugunsten des nun neu gebildeten Kronguts[60], aus dem vor allem auch Landbelehnungen an Beamte erfolgten. Den Grundstock des Kronguts, aus dem die vielfältigen Aufwendungen, die dem Königtum zuwuchsen, in erster Linie bestritten wurden, bildete der Grundbesitz der Familie, der der König entstammte. Diese konnte nur beschränkt durch Eroberung oder durch Zukauf von Land (im wesentlichen nur in den ehedem kanaanäischen Gebieten mit ihrem freizügigen Bodenrecht) erweitert werden (vgl. 2Sam 24,18–25; 1Kön 16,24). Vor allem wurde das Krongut durch die Grundbesitzanteile erweitert, die durch Aussterben einer Sippe, durch Weggang des Besitzers ins Ausland (vgl. 2Kön 8,1–6) oder durch Hinrichtung des eines Kapitalverbrechens schuldigen Eigentümers (vgl. 1Kön 21,1–19) herrenlos geworden waren: hier war das Königtum in die Rechtsnachfolge der Stämme und Sippen eingetreten, denen früher solcher Grundbesitz zur Neuverlosung heimgefallen war.

Mehr als das Königtum selbst und die von ihm betriebene Krongutbildung wirkte sich freilich die Entstehung der von diesem in Leben gerufenen neuen Nobilität: einer administrativen Oberschicht, auf das Leben der freien Bauernbevölkerung im Lande aus[61]. Dieser Dienstadel, der in der Hauptstadt saß, aber auch in den verschiedenen Distrikten des Landes administrative Funktionen wahrnahm, rekrutierte sich zumindest am Anfang der Königszeit, aber sicherlich auch noch später, wenigstens zum Teil aus den Angehörigen der gebildeten Oberschicht der alten kanaanäischen Stadtstaaten und anderen Gebietsenklaven, die seit Saul und David immer stärker von Israel integriert worden waren. Mit diesen Beamten strömte eine andere Auffassung vom Besitz und vom Wert des Besitzstrebens, als sie die israelitische Bauernbevölkerung hatte, nach Israel ein und ergriff hier wohl in erster Linie auch die in die Oberschicht aufgestiegenen Israeliten. Den Kanaanäern galt Grundbesitz – anders als den Israeliten – als frei veräußerliche Ware, und Gewinnstreben und Reichtum waren für sie unbedingt positive Werte. Ausgehend von ihrem eigenen und dem ihnen vom König verliehenen Grundbesitz suchten die dem Kanaanäertum entstammenden Beamten, dann aber wohl auch die zur administrativen Oberschicht gehörenden Israeliten das Ihre um jeden Preis zu vermehren – ohne Rücksicht auf die in Israel hoch gehaltenen Schranken der Solidarität und des Auskommens, die dem Besitzstreben feste Grenzen zogen. Dabei gingen sie nicht immer mit legalen Mitteln vor, sondern nutzten nur allzu oft die ihnen vom König verliehene Machtstellung skrupellos zur persönlichen Bereicherung gegenüber der von ihnen abhängigen israelitischen Landbevölkerung aus.

Zur Verschlechterung von deren Lage trug auch der in der Königszeit erfolgende Übergang von der alten Naturalwirtschaft zur Geldwirtschaft bei[62]. In dem Maße, wie diese in Israel sich ausbreitete, konnte mehr und mehr alles Fehlende und konnten insbesondere auch die geschuldeten Abgaben nicht mehr direkt mit den eigenen Erzeugnissen beschafft bzw. beglichen werden, sondern mußte jeweils erst das Tauschmittel Geld (d.h. zunächst: Silber in Barrenform, das dargewogen wurde) beschafft werden. Dies schuf vielfache Schuldverhältnisse, die sich im Laufe der Zeit immer unaufhebbarer gestalteten: so konnte ein kleiner Bauer z.B. schon dadurch in eine auswegslose Lage geraten, daß nach einem Dürrejahr das fehlende Saatgut nur zu hohem Preise zu beschaffen, der Erlös für eine nachfolgende sehr gute Ernte aber außerordentlich gering war, so daß die bäuerliche Familie ihre Schulden nicht mehr abtragen konnte, sondern, wenn sich derartige Wechselfälle wiederholten, immer tiefer in die Klemme geriet. Aus solchen Zwangslagen schlugen neben anderen Gläubigern (wie etwa Steuerpächtern, die die Abgaben stundeten oder vorschossen) vor allem auch die kanaanäischen Binnenhändler Gewinn, die die Bevölkerung mit den fehlenden Dingen des täglichen Bedarf versorgten (während der internationale Handel königliches Monopol war). –

Amos hat Israel, das in der Zeit Jerobeams II. seine letzte Blütezeit erlebte, den schonungslosen Untergang angesagt, an dem kein Pochen auf den Erwählungsvorzug (vgl. Am 3,1f; 9,7f; s. auch 5,14f) und keine kultischen Leistungen (vgl. Am 5,21–27; s. auch 5,4-6) etwas ändern oder Sicherheit bewirken könnten (s. dazu vor allem Am 5,18–20). Gemeint hat er damit in erster Linie das großgewordene Israel und die Großen im Land: die maßgeblichen Repräsentanten der Gesellschaft, die vor allem aus der eingetretenen Entwicklung Nutzen gezogen hatten und noch zogen, daneben aber auch jene anderen, die sich an den Entwicklungstrend angehängt hatten, um herauszuholen, was ihnen blieb.

Sein Gott ist nicht die Stütze jenes politischen und sozialen Systems, als das sich Israel in jener Zeit darstellte, und seiner fragwürdigen »Errungenschaften«: er spricht ihm vielmehr jeden Bestand, ja: jedes Recht auf Bestand ab. Der Jahwe des Amos ist der Gott der kleinen Leute, jener Opfer, die im wirtschaftlichen Getriebe des Israels dieser Zeit erbarmungslos zermahlen wurden. Amos transzendiert diesen Gott über Israel hinaus und macht ihn zum Weltengott (vgl. Am 1,3–16; 9.7f), – fast möchte man sagen: weil dieser Gott ebensowenig in Israel mehr eine Heimstätte haben mochte wie jene Opfer, die von Haus und Hof vertrieben worden waren, mit denen er sich identifizierte. Vielleicht aber sollte man doch eher sagen: damit dieser Gott Israel umso wirkungsvoller entgegentreten konnte, weil es sich jener anderen Lebens- und Wertorientierung versagt hatte, die er forderte und für die er einstand.

Amos hat der Opfer jenes Israels, in dem er auftrat, nur als Opfer gedacht; er hat ihnen keine Zukunft eröffnet. Aber er hat zumindest – wie auch seine jüngeren prophetischen Zeitgenossen – die Werte genannt, auf die es seinem Gott ankommt: erstrebenswert sind ihm das »Gute« (ṭôb: Am 5,14f; vgl. Mi 6,8), das »Gerade, Rechte« (n^{e}koḥā: Am 3,10), vor allem aber »Recht und Gerechtigkeit« (mišpaṭ ûṣ^{e}daqā: Am 5,24; vgl. Jes 1,16f.27), – die er anderswo vermißte, weshalb ihm der »Arme« ('^{æ}bjôn) zugleich der »Gerechte« (ṣăddîq, Am 2,6b) ist[63]: nicht der Konkurrenzkampf und das rücksichtslose Gewinnstreben sollen als Leitbild gelten, sondern Solidarität und die Verwirklichung auskömmlicher Lebensbedingungen für alle. Mi 2,1 wird nicht lange nach Amos dieses gesellschaftliche Leitbild in den Grundsatz fassen: »Ein Mann – ein Haus – ein Bodenanteil«[64], und damit ein kleinbäuerliches Prinzip aus der Anfangszeit der alten Sippenordnung zum Ideal erheben, das jetzt allerdings unter den gewandelten Bedingungen als Vision einer gerechten Gesellschaftsordnung eine ganz neue Qualität gewinnt.

Mit ihrer Betonung insbesondere von »Recht und Gerechtigkeit« als den Grundwerten, die im menschlichen Zusammenleben zu verwirklichen seien, – gerade weil sie der gegenwärtigen Gesellschaft abhanden gekommen sind –, schlagen Amos wie nach ihm vor allem Jesaja und Micha als erste ein grundlegendes Thema der abendländischen Sozialgeschichte an, das nach ihnen dann ganz ähnlich in Griechenland auch von Hesiod (um 700 v.Chr.) aufgenommen worden ist[65].

Anmerkungen:

1. Zum folgenden vgl. schon W. Schottroff, Amos – Das Porträt eines Propheten, Stimme der Gemeinde 24, 1972, 113–115. 145f. 193–196. 225–227. 289–292, – eine Skizze, die hier vertieft und weitergeführt wird.
2. Dies ist die Reihenfolge der prophetischen Bücher in der hebräischen Bibel, die nicht ganz derjenigen in den deutschen Bibelausgaben entspricht, die sich an die der Vulgata (d.h. der lateinischen Bibelübersetzung des Kirchenvaters Hieronymus) anlehnt.
3. Dazu vgl. z.B. O. Kaiser, Einleitung in das Alte Testament, Gütersloh 1975³, 196ff, wo die mit der zeitlichen Ansetzung der einzelnen Propheten verbundenen Fragen diskutiert werden.

4. Die im folgenden genannten Daten schließen sich an die dem Kommentar von W. Rudolph, Joel-Amos-Obadja-Jona (KAT XIII/2) Gütersloh 1971, beigegebene Zeittafel von A. Jepsen an.
5. Vgl. J. Milgrom, Did Isaiah Prophesy During the Reign of Uzziah?, VT 14, 1964, (164-182) 178ff: »Excursurs B. II 10ff. and the Earthquake«.
6. Dieses Erdbeben ist vielleicht mit demjenigen identisch, das in Schicht VI der Oberstadt von Hazor archäologisch nachgewiesen wurde und in der Regierungszeit Jerobeams II. Hazor zerstört hat. Vgl. Y. Yadin, Art.: Hazor, in: M. Avi-Yonah (Hg.), Encyclopedia of Archaeological Excavations in the Holy Land II, London 1976, (474–495) 485.495.
7. In der Überlieferung vom Auftreten (und Grab) eines ungenannten Gottesmannes aus Juda in Bethel 1Kön 13 (; 2Kön 23,15–18) liegt vielleicht ein volkstümlicher Nachhall vom Auftreten des Amos in Bethel vor. Vgl. J. Wellhausen, Die Composition des Hexateuchs und der historischen Bücher des Alten Testaments, Berlin 1963⁴, 277f; O. Eißfeldt, Amos und Jona in volkstümlicher Überlieferung (1964), in: ders., Kleine Schriften IV, Tübingen 1968, (137–142) 138f. – Zu den hier und im folgenden genannten Ortsnamen und anderen geographischen Bezeichnungen vgl. die Übersichtskarte: »Israel zur Zeit Jerobeams II.« auf S. 46
8. Vgl. dazu insbesondere R. Smend, Das Nein des Amos, EvTh 23, 1963, (404-423) 416ff.
9. Diese Deutung ist besonders nachdrücklich vertreten worden von E. Würthwein, Amos-Studien (1949), in: ders., Wort und Existenz. Studien zum Alten Testament, Göttingen 1970, 68–110; H. Graf Reventlow, Das Amt des Propheten bei Amos (FRLANT 80), Göttingen 1962.
10. Vgl. Z. Zevit, A Misunderstanding at Bethel, Amos VII 12–17, VT 25, 1975, 783–790; doch s. zu den Thesen dieses Aufsatzes jetzt kritisch: Y. Hoffmann, Did Amos Regard Himself as a Nābî'?, VT 27, 1977, 209–212. – Daß das Verhältnis zwischen Juda und Israel in der ersten Hälfte des 8. Jahrhunderts v.Chr. gespannt war, zeigt die im Jahr 788 v.Chr. anzusetzende, für Juda unglücklich verlaufene kriegerische Auseinandersetzung zwischen Amazja von Juda und Joas von Israel (2Kön 13,12; 14,8–15).
11. Vgl. dazu H. Schult, Amos 7,15a und die Legitimation des Außenseiters, in: H. W. Wolff (Hg.), Probleme biblischer Theologie. Gerhard von Rad zum 70. Geburtstag, München 1971, 462–478, dessen These, das in Am 7,15a begegnende Motiv von der »Berufung des Hirten oder Landmannes bei der Arbeit« sei »nicht biographisch, sondern 'ideologisch' . . . als Mittel zur 'Legitimation des Außenseiters'« zu verstehen, allerdings kaum überzeugt.
12. Wenig überzeugend ist die These von A. S. Kapelrud, Central Ideas in Amos, Oslo 1961², 5–8, der Amos administrative Aufgaben in Verbindung mit den dem Jerusalemer Tempel gehörenden Herden und Sykomoren zuspricht. Zu anderen Versuchen, in ihm einen kultischen Funktionär zu sehen, s. S. Segert, Zur Bedeutung des Wortes NŌQĒD, in: Hebräische Wortforschung. Festschrift zum 80. Geburtstag von Walter Baumgartner (VT Suppl. 16), Leiden 1967, 279–283.
13. Vgl. T. J. Wright, Amos and the »Sycomore Fig«, VT 26, 1976, 362–368.
14. Zu den im folgenden knapp behandelten Fragen der prophetischen Überliefe-

rungsbildung vgl. ausführlicher: H. Gunkel, Die Propheten als Schriftsteller und Dichter, in: H. Schmidt, Die großen Propheten und ihre Zeit (SAT II/2), Göttingen 1915, XXXVI–LXXI; A. H. J. Gunneweg, Mündliche und schriftliche Tradition der vorexilischen Prophetenbücher als Problem der neueren Prophetenforschung (FRLANT 73), Göttingen 1959, und zuletzt zusammenfassend: O. Kaiser, aaO. 272–278.

15. Zu den Problemen, die sich von daher bei der Rekonstruktion der »echten« Überlieferungselemente in der prophetischen Literatur stellen, vgl. W. Schottroff, Jeremia 2,1–3. Erwägungen zur Methode der Prophetenexegese, ZThK 67, 1970, 263–294 bes. 293f.
16. Dodekapropheton 2. Joel und Amos (BK XIV/2), Neukirchen-Vluyn 1969 (s. hier besonders 129–138).
17. AaO. (s. oben Anm. 4), bes. 100–103.
18. Bei diesen sekundären Textbestandteilen handelt es sich nach Rudolph um folgende Verse bzw. Versteile oder einzelne Wörter (im folgenden mit * bezeichnet): Am 1,11*; 2,4b*.12; 3,1b*.7.13; 4.10a*; 5,13.26b; 6,2b*; 8,3a*.8b (?).13f; 9,6b.9a*.
19. Die kleinen Propheten übersetzt und erklärt, Berlin 1963^{4}, 1–10.67–96. Wellhausen hielt für unecht: Am 1,9–12; 2,4f; 4,12f; 5,8f.26; 6,2.9f; 8,6.8.11; 9,5.8–15.
20. Vgl. z.B. W. Nowack, Die kleinen Propheten (HK III/4) Göttingen 1903^{2}, 121–123; K. Marti, Das Dodekapropheton (KHC XIII) Tübingen 1904, 150–153; B. Duhm, Die Zwölf Propheten. In den Versmaßen der Urschrift übersetzt, Tübingen 1910, 1–20, und: ders., Anmerkungen zu den Zwölf Propheten. I. Buch Amos, ZAW 31, 1911, 1–18, u.a.
21. Vgl. z.B. J. Willi-Plein, Vorformen der Schriftexegese innerhalb des Alten Testaments. Untersuchungen zum literarischen Werden der auf Amos, Hosea und Micha zurückgehenden Bücher im Zwölfprophetenbuch (BZAW 123), Berlin-New York 1971, 15–69 (.254–268).
22. So z.B. für die Annahme einer durchgängigen deuteronomistischen Redaktion des Amosbuches: W. H. Schmidt, Die deuteronomistische Redaktion des Amosbuches, ZAW 77, 1965, 168–193; für Wolffs »Bethel – Interpretation der Josiazeit« und die Rolle, die die in Am 4,13; 5,8f; 9,5f vorliegenden hymnischen Stükke in dieser spielen: E. Sellin, Das Zwölfprophetenbuch (KAT XII), Leipzig 1929^{2}, 193; F. Horst, Die Doxologien im Amosbuch, in: ders., Gottes Recht (ThB 12), München 1961, 155-166, u.a.
23. Zum folgenden vgl. vor allem die detaillierte Darstellung der historischen Ereignisse bei R. Labat und O. Eißfeldt, in: Fischer Weltgeschichte 4. Die altorientalischen Reiche III, Frankfurt a.M. 1967, 25-51.169–180; ferner: M. Noth, Geschichte Israels, Göttingen 1959^{4}, 217–228; A. H. J. Gunneweg, Geschichte Israels bis Bar Kochba (Theologische Wissenschaft 2), Stuttgart 1972, 96–101; S. Hermann, Geschichte Israels in alttestamentlicher Zeit, München 1973, 282–300.
24. Zu den literarischen Problemen dieser Stelle s. M. Noth, Überlieferungsgeschichtliche Studien, Darmstadt 1957^{2}, 75; A. Jepsen, Die Quellen des Königsbuches, Halle 1956^{2}, Anhang: Übersicht über Quellen und Redaktionen. Zur

Deutung von 2Kön 14,27 als deuteronomistischer Amospolemik (gegen Am 8,2b) s. F. Crüsemann, Kritik an Amos in deuteronomistischen Geschichtswerk, in: H. W. Wolff (Hg.), Probleme biblischer Theologie. . ., 57-63.

25. Vgl. z.B. A. Jepsen (Hg.), Von Sinuhe bis Nebukadnezar. Dokumente aus der Umwelt des Alten Tenstaments, Stuttgart-München 1975, 161 und Abb. 75. Doch s. S. Yeivin, The Date of the Seal ›Belonging to Shema[c] (the) Servant (of) Jerobeam‹, JNES 19, 1960, 205–212, der das Siegel in die Zeit Jerobeams I. (927/6–907 v.Chr.) datiert.

26. Vgl. z.B. A. Jepsen (Hg.), aaO. 161–163, und s. zur Interpretation und zeitlichen Ansetzung dieser Textgruppe: M. Noth, Das Krongut der israelitischen Könige und seine Verwaltung, in: ders., Aufsätze zur biblischen Landes- und Altertumskunde I, Neukirchen-Vluyn 1971, 159–182, und neuerdings vor allem: Y. Aharoni, The Land of the Bible. A Historical Geography, London 1966, 315–327.

27. Zu den historischen Problemen, die mit der Chr-Stelle verbunden sind, s. etwa M. Noth, aaO. (s. oben Anm. 24), 141–143, und die Ausführungen bei P. Welten, Geschichte und Geschichtsdarstellung in den Chronikbüchern (WMANT 42), Neukirchen-Vluyn 1973 (Bibelstellenregister).

28. So z.B. das Urteil von M. Noth, aaO. (s. Anm. 23) 228, und A. H. J. Gunneweg, aaO. (s. Anm. 23), 100f.

29. Vgl. dazu M. Noth, ebd.

30. Zu dieser uns aus assyrischen Quellen bekannten Schlacht vgl. W. W. Hallo, From Qarqar To Carchemish. Assyria And Israel In The Light of New Discoveries, BA 23, 1960, (34-61) 39f; A. Jepsen (Hg.), aaO. 152–155.

31. Vgl. dazu den Bericht, den die Inschrift auf der heute im Pariser Louvre befindlichen Stele des Königs Meša[c] von Moab von den Ereignissen gibt: A. Jepsen (Hg.), aaO. 148-152.

32. Die zeitliche Ansetzung der Ereignisse, auf die in den echten Strophen des Völkergedichts am Anfang des Amosbuches (Am 1,3–8.13–15; 2,1–3.6–9.13–16) angespielt ist, ist umstritten. Vermutlich ist aber »nicht unbedingt nur an neue Auseinandersetzungen in Amos' eigener Zeit, sondern während der ganzen Dynastie des Jehu« zu denken, s. S. Hermann, aaO. (s. Anm. 23) 292f.

33. Vgl. W. W. Hallo, aaO. 40–43; A. Jepsen (Hg.), aaO. 155–159.

34. Vgl. dazu W. W. Hallo, aaO. 43–46, und speziell zur Rückwirkung, die der Niedergang Assurs und die Expansion Urartus auf Israel und seine Nachbarn hatte, S. Cohen, The Political Background of the Words of Amos, HUCA 36, 1965, 153–160.

35. Vgl. dazu A. Jepsen (Hg.), aaO. 159–161.

36. Nach M. Noth, aaO. (s. Anm. 23) 228, handelt es sich dabei um einen Fixpunkt der »Grenze der davidisch-salomonischen Zeit, die einen Streifen des Stadtstaatengebiets im nördlichen Ostjordanlande mit Ramoth in Gilead einschloß« (vgl. dazu eingehender: ders., Aufsätze zur biblischen Landes- und Altertumskunde I, 271–275; II, 158–160). Meist sucht man den »Zugang nach Hamath« jedoch sehr viel weiter im Norden, nämlich bei Ribla etwa in der Mitte zwischen Damaskus und Hamath (s. dazu zusammenfassend: W. Zimmerli, Eze-

chiel [BK XIII/2], Neukirchen 1969, 1213–1216). Im Zusammenhang damit wird verschiedentlich auch die Auffassung vertreten, daß es Jerobeam II., wie aus 2Kön 14,28 hervorzugehen scheint, tatsächlich gelungen ist, Damaskus und Hamath seiner Herrschaft zu unterwerfen, vgl. A. Malamat, Aspects of the Foreign Policies of David and Salomon, JNES 22, 1963, (1–17) 6–8; M. Haran, The Rise and Decline of the Empire of Jerobeam Ben Joash, VT 17, 1967, (266-297) 278–284; ferner: O. Eißfeldt, ›Juda‹ in 2. Könige 14,28 und ›Judäa‹ in Apostelgeschichte 2,9, in: ders., Kleine Schriften IV, Tübingen 1968, 99–120, und: ›Juda‹ und ›Judäa‹ als Bezeichnung nordsyrischer Bereiche, ebd. 121–131.

37. Der »Bach der ᶜAraba« (Am 6,14) ist wohl mit dem wādi kefrēn auf der Ostseite des Jordans identisch, vgl. A. H. van Zyl, The Moabites (Pretoria Oriental Studies 3), Leiden 1960, 147f.

38. So mit S. Cohen, aaO. (s. oben Anm. 34), der insbesondere in den in Am 1,3.13 genannten Übergriffen der Aramäer und Ammoniter auf Israels ostjordanische Gebiete Ereignisse aus der zweiten Hälfte der Regierungszeit Jerobeams II. sehen möchte. Demgegenüber hätte nach M. Haran, aaO. (s. Anm. 36), die israelitische Expansionspolitik unter Jerobeam II. in diesem Zeitabschnitt überhaupt erst ihren Höhepunkt mit der Unterwerfung von Damaskus und Hamath erreicht.

39. Doch s. anders z.B. W. H. Schmidt, Zukunftsgewißheit und Gegenwartskritik (BSt 60), Neukirchen-Vluyn 1973, 13–23 bes. 22f, der die Auffassung vertritt, daß die Propheten von der »Ahnung einer allgemeinen, das Volksganze betreffenden, bereits die Gegenwart prägenden Zukunft«, der prophetischen »Zukunftsgewißheit« (18), ausgegangen seien, die sich »nicht ohne weiteres aus der zeitgeschichtlichen Situation herleiten« lasse (22), in der die Propheten aufgetreten sind, weil z.B. die Zeit des Amos noch keinen Anlaß zur Furcht vor einer Katastrophe geboten habe.

40. Dabei treten zunehmend zu dem anfänglichen Bild vom Erdbeben (vgl. Am 2,13; 3,15?; 9,1), mit dem das Ende Israels ausgemalt wird, Bilder einer kriegerischen Katastrophe (vgl. Am 2,14–16; 9,1–4 u.ö.) hinzu bzw. an seine Stelle.

41. Zum folgenden vgl. die den Hintergrund prophetischer Sozialkritik allgemein beleuchtenden Arbeiten von: A. Alt, Der Anteil des Königtums an der sozialen Entwicklung in den Reichen Israel und Juda, in: ders., Kleine Schriften zur Geschichte des Volkes Israel III, München 1959, 348–372; H. Donner, Die soziale Botschaft der Propheten im Lichte der Gesellschaftsordnung in Israel, Oriens Antiquus 2, 1963, 229–245; K. Koch, Die Entstehung der sozialen Kritik bei den Propheten, in: H. W. Wolff (Hg.), Probleme biblischer Theologie . . ., 236-257; G. Wanke, Zu Grundlagen und Absicht prophetischer Sozialkritik, KuD 18, 1972, 2–17; – speziell zu Amos s.: G. J. Botterweck, »Sie verkaufen den Unschuldigen um Geld«, Bibel und Leben 12, 1971, 215-231; M. Krause, Das Verhältnis von sozialer Kritik und kommender Katastrophe in den Unheilsprophezeiungen des Amos, Theol. Diss. Hamburg 1972; M. Fendler, Zur Sozialkritik des Amos. Versuch einer wirtschafts- und sozialgeschichtlichen Interpretation alttestamentlicher Texte, EvTh 33, 1973, 32–53. S. ferner: S. Holm-Nielsen, Die

Sozialkritik der Propheten, in: Denkender Glaube. Festschrift C. H. Ratschow, Berlin-New York 1976, 7–23.

42. Nach S. Mittmann, Amos 3,12–15 und das Bett der Samarier, ZDPV 92, 1976, (149–167) 166f, handelte es sich hier jedoch um »die beiden Paläste oder Palastquartiere der königlichen Residenz, die, entsprechend eingerichtet, in der einen oder der anderen Jahreszeit bewohnt wurden. Sie waren ein Luxus, den sich nur ein König und nicht einmal ein jeder König leisten konnte«, vgl. dazu Jer 36,22 und die Inschrift des Königs Barrākib von Sam'al aus Zincirli bei H. Donner-W. Rölling, Kanaanäische und aramäische Inschriften II, Wiesbaden 1964, 232–234 Nr. 216.

43. Vgl. dazu R. de Vaux, Art. Tell El-Far^c^a (North), in: M. Avi-Yonah (Hg.), aaO. (s. Anm. 6) II, (395–404) 400ff.

44. Der uns am Ende von Am 3,15b überlieferte hebräische Text: »zugrunde gehen viele Häuser, ist der Ausspruch Jahwes«, ist anscheinend verderbt, doch unterscheiden sich die Textherstellungen je nachdem, welche Stellen sie als mögliche Parallelen zum Vorbild nehmen, – ob Ez 27,15 (so K. Marti, aaO. [s. Anm. 20] 178), Ez 27,24 (so H. Donner, aaO. [s. Anm. 41] 237, Anm. 19) oder Spr 7,16 (so S. Mittmann, aaO. [s. Anm. 42] 150), – in der Rekonstruktion des ursprünglichen Wortlauts.

45. Vgl. dazu H. Gese, Kleine Beiträge zum Verständnis des Amosbuches, VT 12, 1962, (417–438) 427–432.438; und s. jetzt vor allem: S. Mittmann, aaO. (s. Anm. 42) 149–167.

46. So G. Dalman, Arbeit und Sitte in Palästina VI (1939) Hildesheim 1964, 176. – Abwegig ist die Vermutung von H. M. Barstad, Die Basanskühe in Amos IV, 1, VT 25, 1975, 286–297, der hier eine Polemik gegen den Fruchtbarkeitskult entdecken möchte.

47. Vgl. dazu G. Dalman, ebenda, und ergänzend zu dessen Ausführungen etwa folgende, auf die heutige Türkei bezügliche Angabe bei K. und L. Barisch, Istanbul, Köln 1977, 178: »Der Geschmack des Hammelfleisches ist sehr von der Ernährung und vom Alter abhängig. Am besten schmecken Tiere, die auf einer Thymian-Weide gegrast haben. Sie sollten nicht älter als 18 Monate sein, sonst sind sie für den Feinschmecker bereits zu zäh. Lammfleisch, das noch viel Fett und Eisen von der Muttermilch enthält, ist entgegen üblicher Ansicht viel schwerer zu verdauen als Schafsfleisch, das dem Hammel oft vorgezogen wird, da es appetitlicher aussieht und schneller gar wird. Dafür ist Hammelfleisch entschieden schmackhafter.«

48. Vgl. dazu G. Dalman, ebd, 178f.285f.

49. Auf ein angebliches »Nomadenideal« wurde die kritische Haltung der vorexilischen Propheten gegenüber den gesellschaftlichen Entwicklungstendenzen des zeitgenössischen Israel etwa zurückgeführt von S. Nyström, Beduinentum und Jahwismus. Eine soziologisch-religionsgeschichtliche Untersuchung zum alten Testament, Lund 1946, 122–158; doch vgl. dazu W. Schottroff, Soziologie und Altes Testament, VF 19/2, 1974, (46–66) 51.56-60.

50. Zu Aufnahme und Verarbeitung der israelitischen Geschichtstraditionen bei Amos s. J. Rieger, Die Bedeutung der Geschichte für die Verkündung des Amos

und Hosea, Gießen 1929, 2–44; J. Vollmer, Geschichtliche Rückblicke und Motive in der Prophetie des Amos, Hosea und Jesaja (BZAW 119), Berlin 1971, 8–54.

51. Daß die Entwicklung in Juda erst nach 733 und 722 v.Chr. infolge der Flucht reicher Nordisraeliten, die dann in Juda in großem Ausmaß Land aufgekauft hätten, eine ähnliche Richtung wie in Israel eingeschlagen habe, wie H. Bardtke, Die Latifundien in Juda während der zweiten Hälfte des achten Jahrhunderts v.Chr., in: Hommages à A. Dupont-Sommer, Paris 1971, 235–254, zu zeigen versucht, ist wenig wahrscheinlich. S. dazu: W. Dietrich, Jesaja und die Politik (BevTh 74), München 1976, 12–55 (bes. 15 Anm.5).

52. Vgl. dazu: H. Bechtel, Wirtschafts- und Sozialgeschichte Deutschlands. Wirtschaftstile und Lebensformen von der Vorzeit bis zu Gegenwart, München 1967, 127f.264f; H. Mottek, Wirtschaftsgeschichte Deutschlands. Ein Grundriß. I. Von den Anfängen bis zur Zeit der Französischen Revolution, Berlin 1974^{5}, 339–353.

53. Das schwierige Hapaxlegomenon bôšās^{e}kæm ist nach dem Vorschlag von H. Torczyner šabs^{e}kæm zu lesen (vgl. W. Baumgartner, Hebräisches und aramäisches Lexikon zum Alten Testament I, Leiden 1967, 158) und mit akkadisch šibša šabāšu(m) »Kornabgaben einsammeln« (s. dazu: F. R. Kraus, Ein Edikt des Königs Ammi ṣaduqa von Babylon, Studia et Documenta ad iura orientis antiqui pertinentia V, Leiden 1958, 126–132) zu verbinden. Zur Sache vgl.: C. Prenzel, Über die Pacht im antiken hebräischen Recht (Studia Delitzschiana 13), Stuttgart 1971.

54. S. hierzu auch die auf einem Ostrakon erhaltene »Bittschrift eines judäischen Erntearbeiters« aus dem 7. Jh. v.Chr., dem das Gewand von einem Ernteaufseher gepfändet worden ist: K. Galling (Hg.), Textbuch zur Geschichte Israels, Tübingen 1968^{2}, 70f Nr. 42.

55. So – freilich zu Unrecht – etwa: E. Neufeld, The Emergence of a Royal-Urban Society in Ancient Israel, HUCA 31, 1960, 31–53.

56. Vgl. dazu F. Horst, Das Eigentum nach dem Alten Testament, in: ders., Gottes Recht. Gesammelte Studien zum Recht im Alten Testament (ThB 12), München 1961, 203–221.

57. S. dazu außer dem oben in Anm. 41 genannten Arbeiten von A. Alt und H. Donner jetzt vor allem auch: F. Crüsemann, Der Widerstand gegen das Königtum. Die antiköniglichen Texte des Alten Testamentes und der Kampf um den frühen israelitischen Staat (WMANT 49), Neukirchen-Vluyn 1978.

58. Zur Sache s. T. N. D. Mettinger, Solomonic State Officials. A Study of the Civil Government Officials of the Israelite Monarchy (Coniectanea Biblica. Old Testament Series 5), Lund 1971.

59. S. dazu F. Crüsemann, aaO. 60-73

60. Vgl. dazu außer der oben in Anm. 41 genannten Arbeiten von A. Alt auch: M. Noth, Das Krongut der israelitischen Könige und seine Verwaltung, in: ders., Aufsätze zur biblischen Landes- und Altertumskunde I, Neukirchen-Vluyn 1971, 159–182; Y. Aharoni, The Land of the Bible. A Historical Geography, London 1967, 315-327; P. Welten, Die Königs-Stempel. Ein Beitrag zur Militär-

politik Judas unter Hiskia und Josia (Abhandlungen des Deutschen Palästinavereins), Wiesbaden 1969.

61. S. dazu vor allem die oben in Anm. 41 genannte Arbeit von H. Donner.

62. S. dazu H. Weippert, Art.: Geld, in: BRL², 88–90.

63. Vgl. H. H. Schmid, Gerechtigkeit als Weltordnung (BHTh 40), Tübingen 1968, 111–113.

64. S. dazu: A. Alt, Micha 2,1–5. Gēs anadasmos in Juda, in: ders., Kleine Schriften zur Geschichte des Volkes Israels III, München 1959, 373–381.

65. Vgl. dazu insbesondere: Hesiods »Werke und Tage« (in deutscher Übersetzung etwa: Hesiod, Sämtliche Werke. Deutsch von Th. von Schaeffer, Bremen 1965², 49–90) und s. H. Bengtson, Griechische Geschichte von den Anfängen bis in die römische Kaiserzeit (Handbuch der Altertumswissenschaft III/4) München 1969⁴, 102–127; vor allem: V. Ehrenberg, Die Rechtsidee im frühen Griechentum. Untersuchungen zur Geschichte der werdenden Polis, Leipzig 1921, und für den Vergleich mit der alttestamentlichen Prophetie: O. Kaiser, Gerechtigkeit und Heil bei den israelitischen Propheten und griechischen Denkern des 8.–6. Jahrhunderts, NZSTh 11, 1969, 312–328, vor allem aber – auch für die gleichartige sozioökonomische Entwicklung in Israel und in Griechenland – : H. G. Kippenberg, die Typik antiker Entwicklung, in: ders. (Hg.), Seminar: Die Entstehung der antiken Klassengesellschaft (stw 130), Frankfurt a. M. 1977, 9–61.

Jürgen Kegler

Prophetisches Reden und politische Praxis Jeremias

Beobachtungen zu Jer 26 und 36*

Das Interesse an den gesellschafts- und sozialkritischen Elementen prophetischer Verkündigung hat in den letzten Jahren zugenommen: politisch engagierte Studentengemeinden und christlich motivierte politische Studentengruppen haben unter Berufung auf die Kritik eines Hosea, eines Amos oder Jesaja ihre Gesellschaftsanalyse und -kritik formuliert; im oekumenischen Dialog spielt die Anklage sozialer und politischer Ungerechtigkeit eine immer stärkere Rolle, wobei der Bezug auf die Anklage in der prophetischen Gerichtsrede implizit oder explizit erkennbar ist; »politische Theologie« legitimiert ihren gesellschafts- und kirchenkritischen Anspruch nicht zuletzt durch bewußte Anknüpfung an prophetische Radikalität; die »Theologie der Revolution« gewinnt ihre sozialrevolutionäre Position aus den Quellen des Marxismus *und* u.a. der alttestamentlichen Prophetie. Dieses erwachende Bewußtsein einer *politischen* Dimension christlicher Existenz, dessen Gründe hier unerörtert bleiben sollen, ist auch auf die Prophetenforschung nicht ohne Einfluß geblieben. Man fragte stärker nach dem Verhältnis der Propheten zur Politik oder untersuchte präziser die sozialen Anklagen oder deren theologische und traditionsgeschichtliche, seltener ökonomische Hintergründe[1]. Dabei konzentrierte sich das Interesse auf die Intention der prophetischen Verkündigung, und soweit sie politische Implikationen hat, auf die politische Botschaft. Das Problem der politischen *Praxis* der Propheten blieb dagegen weitgehend unbeachtet[2], trotz der aktuellen Rufe nach politischer Praxis der Theologie und trotz der Berufung auf die politische Dimension prophetischer Existenz. Daneben besteht weiter eine Linie der Prophetenforschung fort, bei der die Elemente des Politischen in der Prophetie überhaupt nicht in den Blick kommen[3].

Zunächst bedarf der Begriff der politischen Praxis einer Definition: Unter politischer Praxis soll hier in bewußter Einschränkung die

Einflußnahme auf die Entscheidung entscheidungsrelevanter und das heißt machtkompetenter Personen oder Institutionen verstanden werden. Diese Einschränkung ist deshalb notwendig, weil es gegenwärtig Tendenzen gibt, grundsätzlich jede Lebensweise als politische zu verstehen. Ein solcher generalisierender Begriff ist jedoch untauglich zur Beschreibung derjenigen gesellschaftlichen Prozesse, bei denen es um Entscheidungsvorgänge geht, die für die staatliche Gesamtheit insgesamt relevant sind. Die Propheten waren in ihrer eigenen Existenz von den Entscheidungen der Herrscher betroffen, die nach ihrer Verkündigung das Ende des Volkes und damit doch auch ihr eigenes Ende bedingten. Insofern ist die Frage nach der politischen Praxis eines Propheten die nach seinem konkreten Tun und Verhalten im Gegenüber zu den faktischen Machtträgern seiner Gesellschaft.

Daß die Frage nach der politischen Praxis eines Propheten nicht abwegig ist, geht allein schon aus der Tatsache hervor, daß es im Alten Testament Überlieferungen gibt, die unzweifelhaft von sehr konkreten politischen Aktivitäten von Propheten und Prophetenkreisen berichten. Spektakulärster Fall politischer Praxis einer Prophetengruppe ist die Salbung Jehus durch einen Elisa-Jünger, wodurch die Revolte gegen Joram, den amtierenden Herrscher, initiiert und legitimiert wurde (2Kön 9). Welche Bedeutung eine derartige Tradition politischen Handelns von Prophetengruppen bei den Schriftpropheten des Alten Testaments besaß, wissen wir leider nicht; sicher ist nur, daß sie in erheblichem Maße mit Traditionen umgingen, sie aufnahmen, kritisch verarbeiteten und aktualisierten. Es gibt jedoch auch bei ihnen Indizien, die darauf hindeuten, daß sie auf politische Entwicklungen Einfluß genommen haben, ihr Tun also als politisch qualifiziert werden kann.

Politische Praxis erfordert Bündnispartner; politische Praxis, die auf Entscheidungsinstanzen Einfluß nehmen will, braucht Zugang zu denselben oder Personen, die vermittelnd tätig werden. Die Funktion von Bündnispartnern bezieht sich sowohl auf die Realisation politischer Intentionen als auch auf den Schutz für den jeweiligen Partner, hat also eine sachliche und eine personale Komponente.

Beide Elemente, Schutzfunktion und Unterstützung bei der Durchsetzung politischen Wollens durch die Partner auf politischer Ebene, die Macht- und Entscheidungsträger waren, finden sich, bisher wenig beachtet, in der prophetischen Überlieferung. Am aufschlußreichsten sind dabei Informationen, die das Jeremiabuch enthält. Sie sollen exemplarisch untersucht und daraufhin befragt werden, was sie über die politische Praxis des Propheten auszusagen vermögen.

Zuvor kurz ein Blick auf die innen- und außenpolitische Situation. Im Jahre 609 v.Chr., dem Todesjahr des judäischen Königs Josia, setzte der soeben von einem erfolgreichen Feldzug nach Harran zurückgekehrte Pharao Necho den amtierenden König Joahas ab und einen Sohn Josias, Eljakim mit Namen, als König ein. Diese Einsetzung bedeutete zugleich die Verpflichtung zur Tributleistung und Vasallentreue. Eljakim, der sich fortan Jojakim nannte, orientierte sich rasch an der neuen Machtkonstellation: »Und Jojakim lieferte dem Pharao das Silber und Gold ab; doch mußte er das Land einschätzen, um das Silber nach dem Befehl des Pharao bezahlen zu können. Wie ein jeder eingeschätzt wurde, so trieb er das Silber und das Gold von der Bevölkerung des Landes ein, um es dem Pharao Necho zu geben« (2Kön 23,35). Aus dieser kurzen alttestamentlichen Notiz geht eindeutig hervor, daß die Bevölkerung die Abgabenlast zu tragen hatte; die Höhe der – von königlichen Beamten vorgenommenen – Schätzung des Grundvermögens bzw. der leistbaren Naturalerträge bestimmte die Höhe der Abgaben. Es wird nichts davon gesagt, daß auch die Palastschätze abgegeben werden mußten. Im Gegenteil. Aus dem Wort Jer 22,13–19, dessen Datierung umstritten ist, das sich jedoch gegen Jojakim direkt richtet, geht hervor, daß Jojakim seine Untertanen schamlos ausbeutete:

»Weh dem, der sein Haus mit Unrecht baut
 und seinen Söller mit Ungerechtigkeit,
der seinen Volksgenossen umsonst arbeiten läßt,
 ihm seinen Lohn nicht gibt,
der sich ein Fenster ausbricht,
 es mit Zedernholz täfelt und rot anstreicht . . .
Deine Augen und dein Herz sind allein auf Gewinn aus
 und auf das Blut des Unschuldigen, es zu vergießen;
auf Bedrückung und Erpressung, sie zu üben.« (V. 13f.17)

Dieses Wort ist eine offene Kriegserklärung an den König. Es zeigt zugleich, daß Jeremia parteiisch ist. Ein König, der nicht die Sache

der Elenden und Armen unterstützt, sondern stattdessen Elend und Armut durch seine Herrschaftsform erzeugt, verstößt gegen den erklärten Willen Gottes. Eine derartige öffentlich ausgesprochene Kritik, die das ganze System königlicher Machtausübung in Frage stellt, mußte auf den Widerstand des Königs stoßen.
Wie Jojakim mit Oppositionellen verfuhr, zeigt der kurze Text Jer 26,20–24. Es ist ein ursprünglich literarisch selbständiges Stück[4]; es berichtet von dem Schicksal eines Jahwepropheten. Uria Ben-Semaja (ʼÛrijjahû bæn-š^{e}mă^{c}jahû) aus Kirjath-Jearim sprach in prophetischer Vollmacht Unheilsansagen gegen Jerusalem und Juda, genauso wie Jeremia, wie der Text ausdrücklich betont. Damit wird eine Identität von Intention und Funktion, von Bevollmächtigung und Auftragsausführung bei beiden Propheten behauptet. Der Text setzt dabei das Wissen um Unheilsansagen Jeremias voraus. Damit bezieht sich der Verfasser auf ein cotextuales Vorwissen der Leser, das den Schwerpunkt der Verkündigung Jeremias in der Ansage von Unheil über Jerusalem und Juda sieht. Dies ist eine legitime Charakterisierung der jeremianischen Prophetie; verwiesen sei auf die Unheilsansagen gegen Jerusalem und Juda z.B. in 1,15f; 4,5–8; 4,11; 4,27–28; 5,14.17; 6,1.11f; 9,16–21; 10,21; 13,12–13; 15,2; 15,13f = 17,3f; 18,15–17. In diesen Texten wird mit bedingungsloser Schärfe die totale Vernichtung angesagt. Auf diesem Hintergrund soll nach der Absicht des Textverfassers auch das Tun Urias verstanden werden. Jojakim versuchte, den ihm unbequemen Uria umzubringen, eine Praxis, die offensichtlich für seine Herrschaftsform nicht untypisch war[5]. Uria erfuhr von den Plänen Jojakims, was auf die Existenz von Sympathisanten in höfischen Kreisen schließen läßt, und floh nach Ägypten. Der Text begründet die Flucht mit dem verständlichen Hinweis auf die Furcht Urias. Jojakim entsandte daraufhin einen Agenten, Elnatan Ben-Akbor, mit Helfershelfern nach Ägypten, dem Land, dem Jojakim seine Herrschaft verdankte (2Kön 23,34); sie entführten Uria und lieferten ihn dem König aus (V. 23). Uria wurde getötet und sein Leichnam offensichtlich unehrenhaft begraben[6].

Der Text ist kurz, erlaubt aber trotzdem einige aufschlußreiche Beobachtungen:
1. die Ermordung des Propheten ist m.E. unzweifelhaft eine politische Tat des Königs; dies wird durch die Art, wie die Ermordung

durchgeführt wird, dokumentiert: die Aussendung von Agenten zum Entführen von Untertanen aus dem Ausland ist Kennzeichen einer despotischen Herrschaftsform und eine bis heute praktizierte Form der Ausschaltung von Oppositionellen;
2. die Art der Bestattung deutet darauf hin, daß damit ein demonstrativer Akt der Abschreckung beabsichtigt war: die Schändung von Leichen oder ihre ostentativ entehrende Behandlung stellt symbolisch den Triumph über den Getöteten dar und dient zugleich der Einschüchterung der Sympathisanten des Getöteten (vgl. 1Sam 31,10; 2Sam 4,12); man geht daher wohl nicht zu weit, wenn man vermutet, daß Jojakim mit dieser Tat potentielle und/oder faktische Anhänger des Propheten einschüchtern wollte; das läßt auf das Vorhandensein einer größeren antiköniglichen Oppositionsbewegung schließen, eine Vermutung, die dadurch erhärtet wird, daß Uria vor der Tötungsabsicht des Königs gewarnt worden ist (V. 21b);
3. die Tatsache, daß Jojakim einen bereits geflohenen Propheten verfolgen läßt, beweist, daß Jojakim prophetisches Tun als *politisches* Tun, konkret als Gefährdung seiner Machtstellung, bewertet hat; Macht ist aber erst dann gefährdet, wenn eine entsprechende Gegenmacht sich zu formen beginnt. Das kann bereits da beginnen, wo das öffentliche Reden eines Einzelnen eine breite Zustimmung findet, die im Wiederspruch zur offiziellen, amtlichen Meinung steht, oder wo ein Einzelner das zu sagen wagt, was viele nur zu denken sich getrauen; jedenfalls wird somit die Isolierung des Herrschers und seiner Politik von der Bevölkerung und ihren Interessen manifest. Offensichtlich schätzte Jojakim die von Urias Wirken ausgehende Wirkung als ihn gefährdend ein.
Auf diesem Hintergrund erscheint V. 24 in einem neuen Licht: »Die Macht[7] Ahikams Ben-Saphan war jedoch[8] mit Jeremia, so daß er nicht der Gewalt des Volkes übergeben wurde, ihn zu töten.« Der etwas umständlich konstruierte Satz möchte zum Ausdruck bringen, daß Jeremia genauso wie Uria umgebracht worden wäre, wenn er nicht durch Ahikam geschützt worden wäre; nur dieser Schutz bewahrte ihn vor dem Tod. Jeremias Rolle, so will der Verfasser betonen, war nicht anders zu beurteilen als die des Uria; aber er hatte – im Gegensatz ('ak) zu Uria – einen mächtigen Helfer; dessen Macht hat ihn gerettet. Wie ist diese Notiz zu bewerten?

Fast alle Kommentare begnügen sich mit dem Hinweis darauf, daß Jeremia offensichtlich bei Hofe einen einflußreichen Freund hatte, der ihn vor dem Zugriff des Königs schützte[9]. Lediglich Nötscher stellt einige weitergehende Überlegungen über die politische Bedeutung des genannten Ahikam an: »Gegen solche Machenschaften (sc. die Versuche, Jeremia umzubringen) hatte Jeremia einen Schutz an einem einflußreichen Mann namens Ahikam, dessen Vater Saphan wohl der aus 2Kön 22,8.12 bekannte Staatsschreiber (= Minister) unter Josia und dessen Sohn der nachmalige, von den Babyloniern eingesetzte Statthalter Gedalja war 40,5ff. Ein anderer Sohn Saphans war Gemarja 36,10ff. Ahikam hatte am Hofe Josias eine Vertrauensstellung innegehabt und gehörte zu den Männern, die der König nach der Auffindung des Gesetzbuches im Tempel an die Prophetin Hulda sandte, um deren Rat einzuholen 2Kön 22,12. Seine Gunst blieb Jeremias auch später erhalten und übertrug sich auch auf seinen Sohn Gedalja. Sie war für die Wirkungsmöglichkeit des Propheten von größter Bedeutung.«[10] Nötscher hat allerdings übersehen, daß in 2Kön 22,12.14 neben Saphan bereits sein Sohn Ahikam genannt ist: er gehört zu denjenigen Männern, die nach Auffindung des Gesetzesbuches (sepær habb^{e}rît) im Tempel von Josia zur Prophetin Hulda geschickt wurden, um sie über das Buch zu befragen. Saphan, der Vater, hat unter Josia die Funktion eines Sopher[11]. Die Aufgabe des Sopher definiert Mettinger wie folgt: »The royal swfr was ›writer‹ *par excellence* and from the beginning responsible for the royal correspondence.«[12] Begrich zählt dazu noch das Verfassen von Erlassen und Anweisungen[13]. Das Amt ist politisch außerordentlich bedeutend und garantiert große Machtfülle. Unter Josia kommt dem Sopher Saphan offensichtlich die entscheidende Aufgabe zu, die mit dem Auffinden des Buches eingeleiteten Reformmaßnahmen des Königs mitzutragen. Die Aufzählung in 2Kön 22,12.14 zeigt, daß auch sein Sohn Ahikam zu diesem Zeitpunkt zu den hochgestellten Vertrauensleuten Josias gehörte. Damit ist eine Linie erkennbar: Ahikam ben-Saphan gehört zu denjenigen Kräften, die die josianische Reformpolitik mitgetragen haben. Jeremia stand Josia und seiner Reform positiv gegenüber[14]. Eine gemeinsame reformpolitische Position scheint beide miteinander verbunden zu haben. Darf man soweit spekulieren, daß Jeremia schon zu Josias Zeiten Kontakte zu diesen

Politikern hatte, die die Reform durchführten? Allerdings erfaßt man die *politische* Bedeutung der Unterstützung Jeremias durch Ahikam während der Regierungszeit Jojakims erst dann in vollem Umfang, wenn man bedenkt, daß Jeremia ein Oppositioneller und politisch Verfolgter war (Vgl. Jer 11,18–23; 20,1–6). Ihn zu unterstützen, bedeutete auch für den Unterstützenden eine akute Gefährdung. Nun ließe sich ein solcher Einsatz durchaus noch im Rahmen persönlicher Freundschaft oder Ergriffenseins von der Wahrheit der prophetischen Verkündigung her verstehen, wenn nicht in Jer 36 deutliche Hinweise dafür vorhanden wären, daß es am königlichen Hofe offensichtlich eine ganze Fraktion gab, die Jeremia nahe stand.

Untersucht man die Funktionen der Personen, die in Jer 36 namentlich genannt werden, so ergibt sich ein erstaunlich differenziertes Bild: Zuerst liest Baruch die von Jeremia verfaßte Rolle in den Räumen des Gemarja, des Sohnes des Kanzlers – ausdrücklich erwähnt der Text den Titel Sopher – Saphan vor (V.10). Jeremia hatte also nicht nur zu Ahikam, sondern auch zu dessen Bruder ein Vertrauensverhältnis. Der Sohn Gemarjas, Micha, spielt die Rolle des Boten, der dem Kanzler Nachricht gibt: die Verkündigung Jeremias ist von solcher politischer Brisanz, daß die Spitzen der staatlichen Verwaltung informiert werden müssen.

Beim Sopher, Elisama, findet gerade eine Sitzung statt (V.12), an der die Sarim, die wichtigsten Berater des Königs, teilnehmen. Namentlich genannt werden: Delaja Ben-Semaja, Elnathan Ben-Achbor, Gemarja Ben-Saphan und Zedekia Ben-Hananja (V.12). Nach Michas Bericht wird Baruch zum Vorlesen herbeigeholt. Die Reaktion der versammelten Sitzungsteilnehmer ist hochinteressant: »Wir müssen unbedingt dem König alle diese Worte kundtun« (V.16) – das ist die Sprache der Pflicht; als erste Untertanen des Königs müssen sie ihn über alle politisch relevanten Ereignisse informieren. Aber darüberhinaus geben sie Baruch einen Tip: »Geht und versteckt euch, du und Jeremia! Niemand darf wissen, wo ihr seid!« (V.19). Das ist die Sprache der Verschwörung, so reden Sympathisanten zu einem politisch Verfolgten. Die ausdrückliche Namensnennung im überlieferten Text will dies zum Ausdruck bringen: diese Männer, führende Spitzen der königlichen Administration, unterstützen Jeremia, helfen ihm, dem Zorn des Königs zu entkommen. Elnathan, Delaja und Gemarja werden noch einmal als diejenigen genannt, die vergeblich gegen die Verbrennung der Rolle durch Jojakim protestieren, sich also auch persönlich in Gefahr begeben (V.24). Die Fürsten schätzen die Reaktion des Königs richtig ein, denn Jojakim ordnet eine Verhaftung Baruchs und Jeremias an (V.26): »aber Jahwe hielt sie verborgen«, die Sympathisanten hielten dicht.

Daraus ergibt sich folgendes Bild:

- Eindeutige Bündnispartner Jeremias am königlichen Hofe in führender Stellung waren Ahikam Ben-Saphan[15], Gemarja Ben-Saphan[16] und Delaja Ben-Semaja[17].
- Etwas unklar ist die Rolle, die Elnathan Ben-Achbor spielt: er gehört zwar zu denen, die für Jeremia eintreten[18], doch in Jer 26,22 ist er der Verantwortliche, der den Propheten Uria aus Ägypten entführt; vermutlich ist er der Sohn des Achbor, der im Auftrag Josias mit die Reformpolitik realisierte[19].
- Nicht deutlich ist die Rolle, die Micha Ben-Germarja Ben-Saphan spielt; der Text erwähnt ihn lediglich als Nachrichtenübermittler[20].
- Der Sopher Elisama, offensichtlich Nachfolger Saphans, gehört zum Kreis derer, die Baruch zum Verstecken raten. Die ausdrücklich mitgeteilte Tatsache, daß die Rolle erst in seinem Zimmer verbleibt (V. 20.21), er sie also nicht sofort zum König brachte, scheint daraufhin zu deuten, daß er das corpus delicti erst einmal zurückhalten und einen mündlichen Vortrag versuchen wollte, sofern man darin nicht einen literarischen Kunstgriff zur Erhöhung der Spannung zu sehen hat, denn der Text weist ein deutliches Interesse am Schicksal des geschriebenen Prophetenwortes auf[21].
- Zedekia Ben-Hananja wird nur einmal erwähnt[22]; Aussagen über seine Funktion sind daher nicht möglich.

Der Hinweis von Nötscher[23], daß ein Sohn Ahikams, Gedalja[24], nach der Einnahme Jerusalems von den Babyloniern unter Nebukadnezar zum Statthalter mit Residenz in Mizpa (Jer 39,10) eingesetzt wurde, erlaubt nun einen entscheidenden politischen Rückschluß: der Kreis derer, die Jeremia unterstützten, betrieb eine pro-babylonische Politik. Dies wurde von den Babyloniern nach ihrem Sieg durch die Beförderung Gedaljas belohnt. Diese Politik stand im Gegensatz zu Jojakims Bestrebungen nach Lösung der babylonischen Oberherrschaft (2Kön 24,1). Die pointierteste Kritik an der Politik Jojakims wurde von Jeremia artikuliert; sie gipfelte in der Aufforderung, sich dem »Joch Babels« zu beugen (vgl. Kap. 27); er wurde nicht zuletzt deswegen als Landesverräter verhaftet (vgl. 37,11–16). Honoriert wurde diese Haltung von den Babyloniern mit persönlichen Schutzzusagen (Jer 39,11ff). Das heißt aber doch nichts anderes, als daß die Babylonier Jeremias Tun als *politisches* Tun qualifiziert haben.

Politisch war dieses Tun in mehrfacher Hinsicht. Für den Kreis am Hofe, der mehr oder weniger offen eine pro-babylonische Politik befürwortete, war Jeremia von entscheidender Bedeutung. Er wagte es, die Kritik an Jojakim und seiner Politik *öffentlich* zu verkündigen, gestützt auf die Vollmacht seines Prophetenamtes. Die damit verbundene Gefahr, von Jojakim liquidiert zu werden, vermochte der Kreis am Hof durch heimliche Protektion abzuwehren. Jeremias öffentliche Funktion bestand politisch gesehen darin, die Autonomiebestrebungen Jojakims als Auflehnung gegen Gottes Willen und in letzter Konsequenz als tödlich für den Staat aufzudecken und die Einsicht in die Notwendigkeit der Hinnahme babylonischer Oberhoheit zu wecken. Jeremia war so objektiv das öffentliche Sprachrohr einer antiköniglichen Fraktion.

Für Jeremia und seinen Auftrag bedeutete die Beziehung zu Kreisen der Reformpolitiker unter Josia die Bedingung der Möglichkeit öffentlichen Auftretens. Ohne Schutz wäre ihm das Schicksal Urias nicht erspart geblieben, sagt Jeremia 26,24. Ich glaube, man darf noch einen Schritt weitergehen, auch wenn er stärker spekulativen Charakter trägt. Für Jeremia waren die Beziehungen auch eine entscheidende Voraussetzung für die *Durchsetzung* des in seiner Verkündigung Intendierten. Die Tatsache, daß Baruch zum Verlesen der Rolle die Räume Gemarjas benutzen konnte, zeigt deutlich, daß Jeremia die Beziehungen zur antiköniglichen Fraktion am Hofe bewußt ausnutzte, um wirken zu können. Und diese Wirkung beschränkte sich nicht nur auf Ankündigung des Unabänderlichen, sondern sie umfaßte die Dimension konkreter Veränderung der Politik. Das verband Jeremia mit dem Kreis am Hof. Statt Auflehnung gegen Babylon forderte er Unterwerfung (vgl. Kap. 27). Ebendies war offensichtlich auch Ziel der Politik dieses Kreises.

Beide Seiten hatten also ein Interesse daran, miteinander zu kooperieren.
Jeremias Existenz war als prophetische eine politische Existenz. Seine politische Praxis lag in seinem *öffentlichen* Auftreten als radikaler Kritiker der königlichen Politik und ihrer Helfer. Kritik artikulierte er verbal, demonstrativ (vgl. Kap. 19; 27; 28) und schriftlich. Aber er begnügte sich nicht mit dem Konstatieren des Unabänderlichen. Seine Intention bestand darin, die Ausrichtung der Politik der Autonomie zu ändern hin zu einer pro-babylonischen, einschließlich der damit verbundenen Abhängigkeit, als einziger Möglichkeit des Fortbestehens der staatlichen Existenz. Dies zu verkünden war eine seiner prophetischen Aufgaben; es durchzusetzen vermochte nur eine einflußreiche Politikergruppe. Sie fand er im Kreis der Reformpolitiker unter Josia. Jeremias politische Praxis bestand also auch darin, Beziehungen zu führenden Kreisen pro-babylonisch orientierter Politiker zu unterhalten. Dies sicherte ihm das Überleben. Eben weil Jeremia in solch herausragender Weise seine prophetische Verkündigung mit politischer Praxis verband, mußte er Zeiten des Untertauchens und unter Zedekia auch der Verhaftung erdulden. Sie sind immer Symptome einer politischen Existenz, die sich im Widerspruch zur herrschenden Macht betätigt.
Damit ist angedeutet, daß sich die politische Praxis Jeremias nicht allein auf die Zeit Jojakims beschränkte. Die biblische Überlieferung läßt noch deutlich erkennen, daß Jeremias politisches Handeln eine erstaunliche Kontinuität aufwies. Nach dem Tod Jojakims setzte dessen Sohn Jojachin noch kurze Zeit den Babyloniern Widerstand entgegen. Dies wird von Jeremia scharf kritisiert:

> »So wahr ich lebe – Spruch Jahwes –
> selbst wenn Jojachin ein Siegelring an meiner Rechten wäre, ich risse ihn von mir weg.« (22,24)

Jeremia lehnt mit diesem Wort eine antibabylonische Politik erneut radikal ab; die Schärfe dieser Ablehnung wird durch die Rückführung auf den Willen Gottes unterstrichen.
Jojachins Widerstand brach nach kurzer Zeit zusammen. Nebukadnezar eroberte die Stadt (597 v.Chr.), nahm Jojachin gefangen und deportierte ihn samt Oberschicht und 7000 Soldaten. Er setzte einen Bruder Josias, Mathanja, als König ein und nannte ihn Zedekia.

M. Noth hat aufgezeigt[25], daß die Herrschaft Zedekias, der ja ein König von babylonischen Gnaden war, von weiten Teilen der Jerusalemer Bevölkerung nicht akzeptiert wurde. Sie sahen weiterhin in dem deportierten Jojachin ihren rechtmäßigen König. Der Prophet Hananja steht insbesondere für diese Gruppe, die mit einer baldigen Rückkehr Jojachins und dem Zusammenbruch der babylonischen Oberherrschaft rechnete (Jer 28). Dem setzte Jeremia nachhaltig Widerstand entgegen. Zunächst lag es durchaus in seinem Interesse, die probabylonische Haltung Zedekias zu unterstützen. Zedekia hat sich jedoch schließlich wie seine Vorgänger zu einer Politik der Loslösung aus der babylonischen Vorherrschaft drängen lassen. Er hoffte dabei auf ägyptische Militärhilfe. Die innerjudäischen Konflikte verschiedener Interessengruppen, die zu einer Änderung der Politik Zedekias geführt haben, können im Rahmen dieser kurzen Darstellung nicht analysiert werden; Ansätze dazu finden sich bei A. Malamat[26]. Jeremia kritisiert jedenfalls diese antibabylonische Kehrtwendung erneut, wenn er auch dem König Zedekia gegenüber keine grundsätzlich ablehnende Haltung einnimmt, ein Hinweis vielleicht, daß er wußte, daß der König zu dieser Politik gedrängt worden ist. Deutlich wird diese Haltung gegenüber dem König in dem Gespräch zwischen Zedekia und Jeremia während der Gefangenschaft des Propheten (38,14–28): die grundsätzliche Kritik an der königlichen Politik läßt dennoch Raum für taktisch-konspiratives Verhalten.

Auch nach der 2. Deportation (587 v.Chr.) setzte Jeremia seine probabylonische Politik fort. Er bewertet den von den Babyloniern eingesetzten Statthalter Gedalja positiv (Kap. 41)[27]. Eine derartige Konsequenz in der politischen Haltung ist Beweis genug dafür, daß sich der Prophet *politisch* verstand und das heißt, daß seiner Wortverkündigung eine politische Praxis entsprach.

Anmerkungen:

* Der vorliegende Beitrag ist die überarbeitete Fassung eines Aufsatzes, der unter dem Titel »Prophetie und politische Praxis – Beobachtungen zu Jer 26,20–24« in der Festgabe für Hartwig Thyen zum 50. Geburtstag 1977 (Privatdruck) erschienen ist.

1. z.B. H. W. Wolff, Dodekapropheton 2. Joel und Amos, (BK 14/2), Neukirchen-Vluyn 1969, 106; S. Cohen, The Political Background of the Words of

Amos, HUCA 36, 1965, 153–160; H. Donner, Die soziale Botschaft der Propheten, OrAnt 12, 1963, 229–245

2. Darauf deutet schon die Terminologie hin. So suggeriert der beliebte Gattungsbegriff »Symbolische Handlung« (G. Fohrer, Geschichte der israelitischen Religion, Berlin 1969, 241–242 u.ö.) a priori ein unpolitisches Geschehen; dabei sind viele dieser Handlungen (z.B. Jes 20; Jer 19; 27; 28; Ez 4; 5; 12) demonstrativ-spektakuläre Aktionen, aufrüttelnde politische Provokationen.
3. Gerade in Veröffentlichungen der letzten Jahre ist dieses Defizit besonders augenfällig: weder bei G. Münderlein, Kriterien wahrer und falscher Prophetie – Entstehung und Bedeutung im Alten Testament (Europ. Hochschulschriften Bd. 33), Bern-Frankfurt a.M. 1974, noch bei R. E. Clements, Prophecy and Tradition – Growing points in Theology, Oxford 1975, wird die Frage nach den politischen Elementen der prophetischen Verkündigung, geschweige denn die nach einer evtl. politischen Praxis, gestellt. Auch bei S. Herrmann, Ursprung und Funktion der Prophetie im alten Israel, Opladen 1976, findet sich kein Hinweis auf *politische* Funktionen der Propheten.
4. Ich folge hier F. L. Hossfeld – I. Meyer, Der Prophet vor dem Tribunal. Neuer Auslegungsversuch von Jer. 26, ZAW 86, 1974, 30-50. Ausführlich hat G. Wanke, Untersuchungen zur sog. Baruchschrift, (BZAW 122), Berlin 1971, Kap. 26 analysiert. Auch für ihn ist die Uriaerzählung ein ursprünglich selbständiges Stück; V. 24 eine Schlußbemerkung. C. Rietzschel, Das Problem der Urrolle. Ein Beitrag zur Redaktionsgeschichte des Jeremiabuches, Gütersloh 1966, 99, hält V. 24 für eine tendenziöse Anfügung, in der die voraufgehende Exculpierung der Vollbürger Judas am Untergang des Staate dahingehend verändert wird, daß sie nun als Gegner Jeremias erscheinen.
5. Sofern man 2Kön 24,4 im Kern für historisch zuverlässig hält.
6. Das scheint der Sinn des qibrê b^{e}nê ha^{c}am zu sein. Damit wäre vorauszusetzen, daß Uria einer gehobenen sozialen Schicht angehörte, die ihre Sonderstellung durch eine spezielle Bestattungsform und –stätte zu dokumentieren pflegte (vgl. Jes 22,15-19).
7. jad meint hier die Macht, die Ahikam qua Amt innehatte, insbesondere die Schutzmacht.
8. s. KBL I, 44
9. W. Rudolph, Jeremia (HAT I/12), Tübingen 1968^{3}, 171; A. Weiser, ATD z.St, spricht von »Gönner«; das klingt nach Mäzenatentum.
10. F. Nötscher, Das Buch Jeremia (HSAT VII/2), Freiburg 1934, 200
11. 2Kön 22,3.8.9.10.12.14 = 2Chron 34,8.15.16.18.20
12. T. N. D. Mettinger, Solomonic State Officials – A Study of the Civil Government Officials of the Israelite Monarchy, Lund 1971, 42
13. J. Begrich, Sōfēr und Mazkîr: ZAW 58, 1940/41, 1–29
14. Vgl. 22,15; vgl. Rudolph, aaO. IV.
15. Jer 26,24
16. Jer 36,10.12.25
17. Jer 36,12.25
18. Jer 36,12.25
19. 2Kön 22,12.14; erwähnt ist in 2Kön 24,8 die Tochter eines Elnathan als Mutter des Jojachin; eine Verbindung zu dem Elnathan in Jer 36 ist nicht nachzuweisen.

20. Jer 36,11.13
21. Jer 36,12.20.21
22. Jer 36,12
23. s. o. S. 72 und Anm. 10
24. Jer 39,14ff = 2Kön 25,22
25. M. Noth, Die Katastrophe von Jerusalem im Jahre 587 v.Chr. und ihre Bedeutung für Israel, in: Ges. Stud. I (ThB 6), München 1966³, 354ff.
26. A. Malamat, Jeremiah and the last two kings of Judah: PEQ 83, 1951, 81–87.
27. Dies hat K. Baltzer, Das Ende des Staate Juda und die Messias-Frage. Studien zur Theologie der alttestamentlichen Überlieferungen, Festschrift G. v. Rad, Neukirchen-Vluyn 1961, 33–43 besonders herausgearbeitet. Zu den verschiedenen Parteiungen um 587 v.Chr. s. bes. M. Smith, Palestinian Parties and Politics that Shaped the Old Testament, New York – London 1971.

Frank Crüsemann

Die unveränderbare Welt

Überlegungen zur »Krisis der Weisheit« beim Prediger (Kohelet)

Mich fasziniert die Aktualität Kohelets. Unmittelbar wie kein anderes biblisches Buch kann man ihn lesen und glaubt zu verstehen[1]. Zentrale Sätze und Erkenntnisse lassen sich, zugegeben etwas abgeflacht, direkt in unsere alltägliche Sprache der Resignation übersetzen. Seine Summe »Alles ist nichtig«, (hæbæl), ein Windhauch (1,2; 12,8), und das uns geläufige: »Es ist eben alles Scheiße«, liegen nicht so sehr weit auseinander. Kohelet vermag in der erfahrbaren Wirklichkeit weder Sinn noch Hoffnung zu finden, sein Denken stößt überall auf immer Gleiches, auf unveränderbare Machtstrukturen und letztlich Zufälliges – man kann machen, was man will, ändern tut sich doch nichts. Der sich daraus ergebende Rückzug auf individuellen Lebensgenuß im vollen Bewußtsein, daß auch der es nicht bringt und einen schalen Geschmack hinterläßt, all das scheint – in der Bibel einmalig – etwas spezifisch Modernes zu haben. Die geheime oder offene Verzweiflung des wohlsituierten, kritischen Intellektuellen im »stahlharten Gehäuse« des Kapitalismus[2] fühlt sich daheim.

Dabei schlägt bei Kohelet die rationale Schärfe der Beobachtung und der Analyse in resignatives, oft geradezu zynisches Sich-Abfinden mit den gegebenen Verhältnissen um. Die Allgemeinheit des Leidens wie der sie hervorrufenden Herrschaft erkennt er mit einer Deutlichkeit, die die der Propheten übertrifft. Aber er behauptet zugleich die Unabänderbarkeit von beidem. Jede Auflehnung bringt unabsehbare Gefahren und ist ohnehin sinnlos. Und das alles sagt einer, dem es offenbar nicht schlecht geht und der wohl die Mittel zum empfohlenen Lebensgenuß hat. Aber was diese Klassenzugehörigkeit mit seinem Denken zu tun hat, danach ist bisher kaum gefragt worden. Für mich liegt hier das eigentlich Interessante. Zumal weil meine Stellung als Ausleger unter anderem durch eine Kirche geprägt ist, die – bringt man es auf die entscheidenden Punkte – sich politisch vielfach genau wie Kohelet verhält. Reich und konservativ, verzichtet sie schon im Ansatz auf den Kampf um eine gerechtere Welt, vermag sie wie er Gottes Wirken mit der erfahrbaren sozial-politischen Wirklichkeit nicht zusammenzubringen. Die Furcht, in Konflikte zu geraten und Privilegien zu verlieren, steht in deutlichem Zusammenhang mit der Tendenz, die Gegebeoheiten als unveränderbar hinzunehmen. Solange die Erde steht, wird es nichts Neues unter der Sonne geben. Diese theologische Resignation vor der angeblichen Realität wird ja häufig geradezu als das eigentlich radikal Christliche verkauft und erscheint zugleich als rational abgesichert. Das faktische Verhalten unserer Kirchen in den Auseinandersetzungen der Gegenwart, verglichen etwa im Rahmen der Ökumene, steht in einer unheimlichen Nähe zu Kohelet. Aber, wie gesagt, wer weiß sich selbst so sehr weit davon entfernt?

Damit sind, kurz, thetisch und eklektisch, gegenwärtige Interessen und Fronten angesprochen, angesichts derer historische Arbeit zu leisten ist. Die Verbindung von anscheinend radikal rationaler Kritik mit resignativem Rückzug auf Individualität und faktischem Zynismus angesichts konkreten Leides soll als exegetische Herausforderung verstanden werden. Der Versuch, zu rekonstruieren, wie es dazu kam und kommen konnte, muß deshalb gleich die Alternativen, damals wie heute, im Blick haben. Es gilt, einen Ursprungsort theologischer Resignation bloßzulegen, nach seinen Voraussetzungen und Folgen zu fragen.

Von der bisherigen Koheletforschung ist bei einer solchen Fragestellung nur begrenzt Hilfe zu erwarten. Schon 1932 hat Kurt Galling sie an vier Hauptfragen orientiert gesehen[3], sehr viel hat sich seitdem nicht geändert. Sie kreist 1) um das Thema des Buches, seine Anordnung und die Abgenzung seiner Einheiten[4], 2) um die Frage nach den Ich-Aussagen und den »historischen« Anspielungen, 3) die Zusammenhänge mit der vorderorientalischen Weisheitsliteratur sowie mit 4) der griechischen Philosophie. Die intensive Suche nach der Herkunft der Gedanken – Griechenland[5], Ägypten[6] und das Zweistromland[7] sowie denkbare Kombinationen[8] stehen zur Auswahl – hat zu keinen voll überzeugenden Ergebnissen geführt. Ich will von diesem Problem ganz absehen, denn entscheidend ist ja die Frage nach Grund und Bedingung der Möglichkeit, daß Fremdes zu einer bestimmten Zeit in Israel aktuell wird. Für Datierung und Herkunft schließe ich mich dem breiten Konsens darüber an, daß Kohelet etwa um die Mitte des 3. Jahrhunderts in Jerusalem wirkte[9].

Die deutsche alttestamentliche Wissenschaft hat nahezu einmütig auf jedwede sozialgeschichtliche Einordnung verzichtet[10]. Dagegen hat Robert Gordis schon 1943/44 die unbestreitbare Zugehörigkeit zu einer reichen, aristokratischen Oberschicht aufgewiesen[11]. In Deutschland hat sich am deutlichsten Hengel in dieser Richtung geäußert[12]. Aber ein Zusammenhang dieser Erkenntnis mit dem Inhalt des Buches ist nicht wirklich hergestellt worden. Doch ist der Hinweis von Hengel auf Zusammenhänge mit den etwas späteren Fronten im Makkabäeraufstand dafür wichtig und hilfreich[13]. Der wohl konkreteste Verstehensversuch überhaupt stammt von Bikerman: »Kohelet is a sage who in an age of investment teaches not dissipation but the enjoyment of wealth. Adressing affluent hearers his theme is the meaning of toil for the rich men.«[14]

Viele Fragen der Methode und des Inhalts sind also in der Fachwissenschaft bisher kaum bearbeitet worden. Die nicht zuletzt mangels Quellen wenig erforschte Sozialgeschichte der nachexilischen Zeit bringt weitere, erhebliche Probleme mit sich. Es kann sich deshalb bei manchem, was ich an Überlegungen vortragen will, nur um tastende Versuche, z.T. mehr um Problemanzeigen und Aufgabenstellung handeln. Methodischer Grundansatz ist der Versuch, alle Aussagen auf die konkrete »gesellschaftliche Totalität« der Zeit zu beziehen, der der Text entstammt und in die er spricht. »Konkrete Untersuchung bedeutet: Beziehung auf die Gesellschaft als Ganzes«, schrieb Lukacs in »Geschichte und Klassenbewußtsein«[15]. Die Isolierung des einzelnen Phänomens, seien es Begriffe, Texte, Gattungen, Traditionen, »Sitze im Leben« oder Trägergruppen, von allen anderen Phänomenen der gleichen Zeit erscheint vielfach geradezu als Grundlage exegetischer Arbeit. Bereits der Rekonstruktion geistiger Auseinandersetzungen wird tendenziell ausgewichen, erst recht ihrer Beziehung auf gesellschaftliche Konflikte und deren Wurzeln in den Produktionsverhältnissen. So ergibt sich in der alttestamentlichen Wissenschaft oft das Bild, daß die verschiedenen zu beobachtenden Traditionsströme im anscheinend leeren Raum nebeneinander herzufließen scheinen.

Die Beziehung auf die Gesellschaft als Ganzes läßt sich m.E. in eine Reihe von heuristischen Fragestellungen und praktisch-pragmatischen Vorgehensweisen übersetzen und so mit den klassischen exegetischen Methoden verbinden.

Vielleicht nicht unnötig ist ein Hinweis darauf, daß ich also nicht mit Einzelanalysen der Texte, mit dem Verhältnis von Sprecher und Hörer etc. einsetze, also konkret mit der Frage nach der damaligen »Schule«, der Rolle von Weisheitslehrern etc. und der sich daraus ergebenden Struktur der Texte. Ich sehe in einer solchen, letztlich textlinguistischen Fragestellung[16] keine Alternative zu meinem Ansatz, sondern eine notwendige Ergänzung bzw. Spezifikation. Doch kann dies m.E. erst der zweite Schritt sein, da man sonst in der Gefahr steht, zu viel zu abstrakten Erkenntnissen zu gelangen. Eine solche Detailanalyse sehe ich hier nicht als meine Aufgabe an.

Ich will im folgenden zunächst den grundlegenden Zusammenbruch des Tun-Ergehn-Zusammenhangs untersuchen (I), die Ergebnisse dann an einigen zentralen Themen Kohelets konkretisieren (II) und schließlich die politischen und sozialen Aussagen des Buches heranziehen (III).

I *Der Zusammenbruch des Tun-Ergehn-Zusammenhangs*

Grundlegende Voraussetzung für das Denken Kohelets ist die Nichtexistenz eines Zusammenhangs von Verhalten und Ergehen der Menschen. Damit aber sind die Welt und der in ihr handelnde Gott vollkommen undurchschaubar, unberechenbar und ungerecht. Immer wieder findet er das von der Erfahrung bestätigt:

8,14 »Es ist etwas Nichtiges, das auf der Erde geschieht:
Es gibt Gerechte, die trifft es,
wie es dem Tun der Frevler entspricht.
Und es gibt Frevler, die trifft es,
wie es dem Tun der Gerechten entspricht.«

9,2 »Was aber allen zukommt, ist ein Geschick:
dem Gerechten und dem Frevler ›. . .‹[17],
dem Reinen und dem Unreinen,
dem der opfert und dem der nicht opfert.
Wie dem Guten so gehts dem Sünder,
wie dem, der schwört, so dem, der das Schwören meidet.«

9,3 »Das ist das Schlimmste bei allem, was unter der Sonne
geschieht,
daß es für alle ein Geschick gibt . . .«
9,11 »Wiederum sah ich unter der Sonne,
daß nicht den Schnellen der Preis zufällt
und nicht den Helden der Sieg,
nicht den Weisen das Brot,
noch den Verständigen Reichtum,
noch den Einsichtigen Gunst,
sondern alle trifft Zeit und Zufall.«

Diese Welterfahrung wird in 3,11 auf ihren theologischen Begriff gebracht:

3,11 »Alles hat er schön gemacht zu seiner Zeit . . .[18],
nur daß der Mensch das Werk, das Gott gemacht hat,
von Anfang bis zu Ende nicht fassen kann.«

Mag also Gott einen Sinn in das Geschehen der Welt gelegt haben, für den Menschen ist schlechterdings keiner erkennbar. »Fern ist was geschieht, und tief, tief, wer kann es erfassen?« sagt er, bezogen auf das Alltagsgeschehen, in 7,24.

Das undurchschaubare Geschehen in der Welt ist zugleich völlig unbeeinflußbar und unveränderbar, genau wie der Gott, der hinter allem steht und mit dem der Mensch nicht rechten kann, weil er stärker ist (6,10):

7,13 »Sieh dir das Tun Gottes an:
Wer kann gerade machen, was er gekrümmt hat?«

In dieser Sicht der Dinge unterscheidet sich Kohelet grundlegend von der älteren Weisheit Israels, wie sie sich vor allem in Spr 10ff findet. In ihr ist durchgehend von einem konstitutiven Zusammenhang zwischen dem Tun und dem Ergehen des Menschen die Rede. »Ich bin jung gewesen und bin alt geworden, nie sah ich den Gerechten verlassen und seine Kinder nach Brot gehen« (Ps 37,25). Dieser Satz kann als Beispiel für die gesamte ältere Weisheit gelten[19]. Das Zerbrechen der grundlegenden Erfahrung, in einer gerechten Ordnung der Welt zu leben, liegt Kohelet bereits voraus[20], ausgetragen wurde es im Buche Hiob. Kohelet zieht die Konsequenz aus Hiob[21]. Man hat diese absolute Differenz zur älteren Weisheit zu Recht als »Krisis der Weisheit« bezeichnet und als Beziehungslosigkeit des Subjektes zu seinem Tun und Ergehen beschrieben[22]. Gott wird dadurch zu einer undurchschaubaren

Schicksalsmacht, die durch nichts zu beeinflußen ist. Diese Differenz muß Ausgangspunkt für das Verstehen sein. In der exegetischen Literatur wird sie durchgehend als Traditionsbruch, also als geistesgeschichtlicher Vorgang beschrieben, und dementsprechend wird allein nach seinen geistes- und theologiegeschichtlichen Wurzeln gefragt[23]. Dabei fällt aber die Frage nach den Gründen für diesen Wandel von vornherein unter den Tisch. Auch ein Hinweis auf »Zeitgeist« und »Lebensgefühl« der hellenistischen Epoche[24] kann an dieser Stelle nicht genügen.

Wenn die ältere, Erfahrungen verarbeitende Weisheit überall auf einen Ordnungszusammenhang von menschlichem Verhalten und menschlichem Geschick stößt, also auf eine gerechte Welt, und wenn sich dies in der nachexilischen Zeit so tiefgreifend verändert, so muß ja doch zunächst gefragt werden, ob nicht eine Veränderung der Wirklichkeit der im Denken vorausgeht. Hat die ältere Weisheit und hat mit ihr der größte Teil der vorexilischen Literatur Israels – ganz zu schweigen von den entsprechenden Texten der Umwelt[25] – denn an der Realität vorbei gedacht? Oder haben umgekehrt Kohelet und mit ihm etwa die nachexilische Prophetenliteratur im Grund doch Auffindbares einfach übersehen? Sicher, die vorgegebene Tradition spielt eine wichtige Rolle bei der Konstitution von Erfahrung überhaupt und stellt dafür weithin die Kategorien zur Verfügung. Und auch die jeweilige persönliche Lebenspraxis spielt dabei eine wichtige Rolle[26]. Aber gerade da, wo sich Texte explizit auf Erfahrung berufen, kann doch von der Wirklichkeit nicht einfach abgesehen werden. Ich möchte deshalb versuchen, an diesem grundlegenden Punkt, der das gesamte Lebensgefühl bestimmt, die Traditionsgeschichte auf die Füße zu stellen.

Was liegt dem alten Erfahrungssatz von der Entsprechung von Tun und Ergehen zugrunde[26a]? Diese Frage stößt sofort auf die andere nach der Klassenzugehörigkeit dieses Denkens. Ein Sklave oder ein Israelit, der sein Land verlor und in Schuldknechtschaft geriet, werden den Grund für ihr Geschick kaum durchgängig in ihrer eigenen Schlechtigkeit gesehen haben. Die Propheten etwa tun das nicht, ebensowenig z.B. Wundergeschichten, die von Hilfe für Arme reden[27]. Die ältere Spruchweisheit aber muß, wie die Weisheit insgesamt, als Denkform einer reichen, grundbesitzenden Oberschicht angesehen werden. Das hat zuerst Gordis unwiderleglich, wenn auch etwas pauschal, gezeigt[28], und es ist seitdem, wenn auch meist noch unpräziser, oft wiederholt worden[29]. Unabhängig davon, ob man in ihr Sippen- oder Schulweden[27]. DiKombination von beiden sieht[30], in jedem Falle findet man hier die konzentrierten Erfahrungen der grundbesitzenden, freien und im Staat einflußreichen Schicht in Israel, die in der späteren Königszeit in weitgehender Interessenidentität mit dem Hof und seiner Schule steht[31]. Das Israel dieser Zeit ist eine weitgehend noch von segmentären, d.h. verwandtschaftlichen Strukturen bestimmte Gesellschaft, man kann von einem segmentären Staat sprechen[32]. Unterhalb der Staatsebene, z.T. auch in seinen Aufbau einbezogen, prägt Verwandtschaft die sozialen Beziehungen und bildete Sicherheit gebende Solidaritätsverhältnisse aus, wie sie viele Gesetze Israels prägen[33]. Der in den Familien verankerte Grundbesitz gewährte weitreichende wirtschaftliche Autarkie.

Dort aber, wo der Grundbesitz unbestritten war und zudem segmentäre Solidarität herrscht, dort ist in der Tat ein Zusammenhang von Tun und Ergehn als Normalität zu vermuten. Das Problem von Zufall und Kontingenz ist damit nicht verdrängt, in der älteren Weisheit stellt es ein zweites, nahezu gleichgewichtiges Thema dar[34]. Die grundlegenden Menschentypen der Sprüche sind der Fleißige und der Faule, der Gerechte und der Frevler, der Weise und der Tor. Und als Erfahrung wird formuliert, daß im Normalfall ein gehöriges Maß an Faulheit, Dummheit oder von der gesellschaftlichen Norm abweichendem Verhalten dazu gehört, um in Not und Abstieg zu geraten. Einen unrealistischen Widerspruch zwischen den traditionell vorgebenen Denkkategorien und der gesellschaftlichen Wirklichkeit kann man darin keinesfalls sehen, Wer gerecht, ṣăddîq, ist, erfüllt die von seiner Umgebung gestellten Anforderungen und entspricht damit den Sitten und Normen seiner Gruppe[35]. Er kann deshalb auf Solidarität rechnen und erfährt verwandtschaftliche Hilfe, wie er selbst sie gewährt. Ich glaube nicht, daß man dem Tun-Ergehn-Zusammenhang für die Schicht, der die ältere Weisheit entstammt, bestreiten kann, auf Erfahrung zu beruhen. Es wäre lohnend, dem weiter nachzugehen, etwa zu fragen, wie sich Tradition, Erfahrung und Ideologie hier zueinander verhalten. Deutlich ist ja z.B., daß eine soziale Krise, wie die des 8. Jahrhunderts, mit einem solchen weisheitlichen Denken nicht erfaßt werden konnte, ja geradezu verschleiert werden mußte.

Was ist nun in der Zeit der Hiobdichtung und Kohelets anders geworden? Ich versuche wiederum nur, elementare Erfahrungsgrundlagen zu erfassen, und greife dazu vor allem Ergebnisse der Arbeit Kippenbergs auf[36]. Entscheidender Hintergrund für die neue Situation ist natürlich die nationale Katastrophe Israels, auch wenn die Weisheit auf so etwas nicht reflektiert[37]. Israel und damit auch die grundbesitzenden Schichten sind jetzt Teil von Riesenreichen und damit in ganz anderem Maße Objekt der Geschichte. Das soziale und politische Gleichgewicht zwischen freiem Bauerntum und Königtum, das das vorexilische Juda prägte, besteht nicht mehr. Von außen werden Steuern und Abgaben auferlegt, die starke Belastungen mit sich bringen und große Unsicherheitsfaktoren enthalten[38]. Dieser Druck wird durch die zunehmende Geld- und dann Münzwirtschaft[39] verstärkt und verringert ganz erheblich die Autarkie des einzelnen Hofes und Dorfes. Ein sich steigernder Zwang zur Rentabilität führt zur Überführung von Ackerland in Oliven- und Weinbaugebiet, das dem Export dient[40]. Da die Produktivkräfte im wesentlichen unverändert blieben, nötigt dies zur Verringerung der Produktionseinheiten, der Familien[41]. Die großen Wirtschaftsschwankungen vor allem der hellenistischen Zeit[42] wirken sich verunsichernd aus, sie sind unbestimmbar und unverstehbar. Zwar kann sich vor allem durch Nehemias Reformen ein freies Kleinbauerntum halten[43], doch hebt sich davon zunehmend deutlicher eine reiche Aristokratenschicht ab[44]. Vor allem für sie wird die segmentäre Solidarität mit ärmeren Verwandten problematisch[45]. In der ptolemäischen Zeit greift dann der Staat sehr viel stärker auch direkt wirtschaftlich ein[46] und ist auf enorme Steigerung des Ertrags der Staatseinkünfte aus[47]. Mindestens teilweise kommt jetzt die Vorstellung, alles Land sei letztlich Königsland, auch in Judäa zum Zuge[48]. Die Zenonkorrespondenz vermittelt »das Bild eines sehr aktiven, fast hektischen wirtschaftlichen Lebens, dessen Urheber jenes Heer von griechischen Beamten, Agenten und Kaufleuten war, die das Land im wahrsten Sinne des Wortes überschwemmten und ›bis ins letzte Dorf des Landes vordrangen‹«[49]. An diesen wirtschaftlichen Erfolgen partizipierte vor allem die städtische Aristokratie[50]. Entscheidend aber war, daß diese auch als Staatspächter in das staatliche Steuer- und Abgabesystem einbezogen wird[51]. Sie vertrat damit objektiv die Interessen der Fremdherrschaft, was zwangsläufig zur Entfremdung von den übrigen Gruppen Judas führen mußte und schließlich zum offenen Konflikt, wie er sich unter Antiochus IV. entlud.

Es muß hier bei diesen Andeutungen bleiben. Die Welt und ihre Ordnung ist in der Tat vom kleinen Judäa, einer fremdbestimmten Provinz am Rand der Geschichte, nicht mehr durchschaubar, so wenig wie die Gründe für das wirtschaftliche Ergehen des Einzelnen. Entscheidend dürfte die zunehmende Geldwirtschaft, die Abnahme der bäuerlichen Autarkie und damit der Bedeutung des Grundbesitzes sowie die hohe und unbeeinflußbare Steuer- und Abgabelast gewesen sein. All das mußte auf Kosten der segmentären Strukturen und der in ihnen verankerten Ethik der Solidarität gehen. Die zunehmende wirtschaftliche Ungleichheit innerhalb der verwandtschaftlichen Gruppen stellte sie in Frage. Das Ergebnis ist – und nur darauf kommt es hier an –, daß die traditionellen Normen des Denkens und Handelns mit der gesellschaftlichen Realität nicht mehr übereinstimmten. Tradition und Erfahrung traten auseinander.

Diese Grundgegebenheit ist im nachexilischen Israel in verschiedener Weise verarbeitet worden. Bei Hiob und Kohelet werden jetzt pessimistische Traditionen der Umwelt aufgenommen, wo man vergleichbare Vorgänge früher vermuten muß[52], weil mit ihrer Hilfe die eigenen Grunderfahrungen ausgedrückt werden können. Die jüngere eschatologische Prophetie und die Frühapokalyptik bezeugen auf ihre Weise die gleiche Welterfahrung, aber sie erwarten ein alles veränderndes Eingreifen Gottes, durch das Gerechtigkeit wieder hergestellt wird[53].

II *Zentrale Themen*

Von diesem Versuch einer ersten, groben Ortung der Erfahrungsbasis Kohelets aus will ich im 2. Teil einige zentrale Aspekte, Fragestellungen und Themen erfassen, indem ich sie auf das Ganze der Gesellschaft seiner Zeit beziehe. Ist der Zusammenbruch des Tun-Ergehn-Zusammenhangs und damit der Hiatus von Erfahrung und

Tradition sein Ausgangspunkt, so kommt hier Kohelets eigenes Denken zum Zug.

1. Der Bruch mit der Jahwe-Tradition

Ich setze ein mit 1,9–11:

1,9 »Das was war, wird wieder sein,
und was getan wurde, wird wieder getan werden.
Und es gibt nichts Neues unter der Sonne.
1,10 Ist da etwas, zu dem man sagt:
Sieh es an, es ist neu! –
längst ist es in den endlosen Zeiten dagewesen,
die vor uns waren.
1,11 Es gibt kein Gedenken an die Früheren,
und auch für die Späteren, die sein werden,
für sie gibt es kein Gedenken.
bei denen, die nachher sein werden.«

Daß derartiges als Folgerung aus Naturvorgängen (V. 4–8) im geschichtsbesessenen Israel formuliert werden konnte, ist überaus erstaunlich, und man sollte dies Erstaunen nicht zu schnell beiseite wischen. Denn natürlich wird in der Umgebung Kohelets der Früheren gedacht! In den Familien leben die Genealogien, die z.B. die fast gleichzeitige Chronik prägen. Wichtiger ist, daß der bereits zum Kanon gewordene Pentateuch voll davon ist, voll von Vergangenem und voll von tiefgreifender Veränderung: Abraham, Exodus, Sinai, Landnahme. Ich halte es methodisch für unstatthaft, so zu tun, als könne Kohelet, ein Intellektueller des 3. Jahrhunderts, die Thora nicht gekannt haben. Der Streit darum, ob z.B. eine Benutzung der Schöpfungsberichte bei ihm durch Wortanklänge zu erweisen ist oder nicht[54], hat sicher seinen Sinn, aber hier geht es um etwas viel Elementareres: Grundgegebenheiten des Selbstverständnisses Israels, gerade auch des offiziellen Juda seiner Tage, werden bei Kohelet schlichtweg geleugnet oder übergangen. Das gilt ganz unabhängig davon, wie gut er diese Texte persönlich kennt und ob er eine explizite Auseinandersetzung vollzieht oder nicht[55]. Bei der älteren Weisheit ist das, trotz all ihrer Besonderheiten, nicht in dieser Weise der Fall. Sie steht nicht nur in ihrer Ethik den Gesetzen Israels nicht allzu fern[56], sie hat auch, wie zunehmend erkannt wird, enge Beziehungen zu wichtigen literarischen

Produkten der vorexilischen Zeit, zur Thronfolgegeschichte und zur Josephsgeschichte, zu Propheten wie Amos und Jesaja, zum Deuteronomium[57]. Aber Kohelet bestreitet – nahezu explizit – auch die prophetische Erwartung seiner Zeit, die unter Verwendung des gleichen Wortes vielfältig vom Neuen (ḥadaš) spricht, das kommen wird: der neue Bund und das neue Herz, ein neuer Himmel und eine neue Erde[58]. Erst recht ist Kohelet unberührt von den in seinem Jahrhundert einsetzenden religiösen Konflikten mit dem Hellenismus, wie sie sich z.B. in den Daniellegenden und im Estherbuch niederschlagen[59]. Gegenüber dem Volksgott im Jerusalemer Tempel mahnt Kohelet nur zur Vorsicht, am besten soll man sich gar nicht erst mit ihm einlassen (4,17ff). Gott reduziert sich ihm auf eine unfaßbare Schicksalsmacht. Auch seine eigenen ethischen Forderungen kann er nicht positiv von Gott her begründen[60]. Es ist angesichts dieser gesamten Haltung nur als konsequent zu bezeichnen, daß er – anders als die ältere Weisheit – den Namen Jahwe grundsätzlich vermeidet.

Zu konstatieren ist also eine absolute Distanz zu allen grundlegenden Jahwetraditionen. Sie muß auch eine zu den sie tragenden Gruppen sein, also zu den Familien, in denen Genealogien tradiert werden, zu Priestern und Leviten, die am Tempel dienen, zu denen, die das Leben weiter nach den alten Gesetzen Israels regeln wollen, zu denen, die von Jahwe eine grundlegende Veränderung der Welt erwarten. Sowenig wir auch all diese Kreise im Judäa der Zeit Kohelets bis jetzt sozial wirklich orten können, so ist doch der Gegensatz zu der Gruppe, der dieser Weise angehört, unübersehbar, also zur Aristokratie. Man wird die zunehmende Entfernung der Aristokratie und ihrer Interessen von denen praktisch des gesamten übrigen Volkes, wie sie sich etwa in ihrer Einbeziehung in das System der Staatspacht manifestiert, die sie zu Agenten der Fremdherrscher macht, nicht von der ideologischen Entfernung trennen dürfen, die bei Kohelet hervortritt. Wenige Jahrzehnte nach Kohelet hat sich ein entscheidender Teil dieser Aristokratie dann endgültig von den Grundgegebenheiten Israels entfernt und versucht, einen totalen Übergang zur hellenistischen Normalität zu vollziehen. Der Widerstand dagegen kam aus anderen Kreisen und wurde ideologisch von Thora und Propheten getragen[60a].

2. Die Verdinglichung des Denkens

»Im Schatten der Weisheit (ist) im Schatten des Geldes«, sagt Kohelet in 7,12. Um den relativen Wert der Weisheit zu kennzeichnen, greift er dabei, wie an anderen Stellen[61], auf traditionell klingende Sätze zurück. Neu ist hier zunächst nur die Sonderstellung des Geldes bzw. Silbers gegenüber anderen Reichtümern. Er lebt in einer Zeit, in der, wie er sagt, für Geld alles zu haben ist (10,19). Und der »Schatten des Geldes« prägt zutiefst auch sein eigenes Denken. Wichtiger als die explizite Bewertung des Reichtums[62] ist es dafür, daß Kohelets eigentliche methodische Grundfrage, sein Maßstab, den er an alles legt, dadurch geprägt ist. Überall fragt er nach dem »Gewinn«. jitrôn ist wahrscheinlich »der bei einer wirtschaftlichen Transaktion übrigbleibende Reingewinn«, wie Galling formuliert[63]. »Was hat der Mensch für Gewinn von all seiner Mühe, womit er sich abmüht unter der Sonne?« fragt er in 1,3; 3,9 und 5,15; vgl. 10,11. Mißt man mit dieser kaufmännischen Kategorie das Leben im Ganzen, kann angesichts des Todes die Antwort nur sein: keiner (2,11). Immerhin vermag er der Weisheit einen relativen »Gewinn« zuzuschreiben, so in 2,13; 7,12; 10,10. Sicher nicht zu unrecht, möchte man sagen, er lebt ja von ihr. Das gleiche gilt für den König (5,8), worauf noch einzugehen sein wird.

Durchgängig also ist der »rechnerische« Grundzug seines Denkens[64]. Vor diesem verdinglichten Grundmaßstab des verbleibenden Reingewinns verblaßt ihm die Fülle des Lebens. Sie reduziert sich auf Lebensgenuß, dieser wiederum auf Essen, Trinken und Sexualität. An der einzigen, an sich so schönen Stelle, wo Solidarität beschrieben wird, in 4,9ff: »Zweie sind besser dran als einer . . . .«, bleibt sie völlig abstrakt. Man weiß nicht einmal, was die beiden aneinander bindet. Gemeinschaft ist auf Nutzen reduziert. Die Vielfalt der menschlichen Beziehungen, die etwa die ältere Weisheit enthält, kommt nicht in den Blick. Eltern und Nachbarn z.B. erscheinen gar nicht, Kinder sind nichts Positives[65], Frauen verachtet er (7,26ff). »Weder Liebe noch Haß erkennen die Menschen«, kann er formulieren (9,1). Man muß nur für einen Moment das Hohe Lied daneben halten – die Sammlung dieser Lieder liegt vielleicht zeitlich nicht allzu weit von ihm entfernt –, mit seiner Rede von der Liebe, die stark ist wie der Tod und die man für Geld nicht kaufen kann (Hhld 8,6f), um die Differenz zu erkennen. Überall tritt Kohelet betont als isoliertes Individuum auf, das allein der Welt gegenüber steht und sie zu untersuchen vornimmt[66]. Ein Zusammenhang dieses Denkens mit dem an rein wirtschaftlichem Gewinn und Rentabilität sich orientierenden Handeln des ptolemäischen Staates, in das die Aristokratenschicht Judas einbezogen wurde, ist wohl kaum zu leugnen. Die Frage nach dem Gewinn zersetzt alle traditionellen menschlichen Beziehungen. Vor Kohelets daran orientiertem Denken erweist sich alles als hæbæl, als nichtiger Windhauch.

3. Der Tod

Eine letzte Zuspitzung erfährt die Sinnlosigkeit und Undurchschaubarkeit der Welt durch den Tod. Für Kohelet macht er alle menschlichen Anstrengungen von vornherein nutzlos. Und er ist für ihn endgültig und unüberwindbar. Für viele Stellen mag hier eine stehen:

3,19 »Denn das Geschick des Menschen ist wie das Geschick des Viehs.
Ein und dasselbe Geschick haben sie.
Wie dieses stirbt, so stirbt jener.
Sie haben den gleichen Odem,
und einen Vorrang des Menschen vor dem Vieh gibt es nicht.
Denn alles ist nichtig.
3,20 Alle gehen an einen Ort.
Alle sind aus Staub gemacht und kehren zum Staub zurück.
3,21 Wer weiß denn, ob der Odem der Menschen
nach oben aufsteigt
und der Odem der Tiere hinabgeht zur Unterwelt:
3,22 Und ich sah, daß es nichts Gutes gibt,
als daß der Mensch sich freut an seinem Tun,
denn das ist sein Teil.
Und wer will ihn dazu bringen,
zu sehen, was nachher sein wird?«

Mit diesem Verständnis des Todes hält Kohelet ja zunächst altisraelitisches Gedankengut fest[67]. Hier ist er anscheinend traditionsgeschichtlich konservativ. Seine rhetorischen Fragen: »Wer weiß denn. . .?«, »Wer will ihn dazu bringen. . .?«, legen geradezu den Schluß nahe, daß er andere Positionen abweist[68]. Wenn Kohelet griechisch beeinflußt sein sollte, ist dieser Punkt methodisch wichtig. Warum greift er hellenistischen Pessimismus, nicht aber z.B.

griechischen Unsterblichkeitsgedanken auf? Es zeigt sich hier, daß die Frage nach der Herkunft der Gedanken ohne die nach dem steuernden Auswahlprinzip gar nichts hilft. In Israel machen jedenfalls gerade in der Frage des Todes in der Zeit Kohelets andere Kreise die umgekehrte Entwicklung durch. In späten Psalmen wie Ps 49 (V. 16) und Ps 73 (V. 24–26), vor allem aber in der frühen Apokalyptik von Jes 24–27 (25,8; 26,19) kommt im Alten Testament zum ersten Mal die Hoffnung auf ein Handeln Jahwes an den Toten auf. Und sie ist in all diesen Texten genau auf die Probleme bezogen, die auch im Zentrum des Denkens Kohelets stehen: sie ist Antwort auf die Ungerechtigkeit der Verhältnisse, die Vergeblichkeit menschlicher Anstrengung, das Fehlen eines erkennbaren göttlichen Handelns.

Die altisraelitische Vorstellung von der unüberwindbaren Schranke des Todes, an der Kohelet anscheinend konservativ festhält, bekommt bei ihm eine durchaus andere Funktion. Erst und nur bei ihm dient sie zur Begründung für die Nichtigkeit des Lebens insgesamt. Früher war das ja durchaus anders. Nicht der Tod an sich, nur der frühe und unzeitgemäße Tod konnte Grund zur Verzweiflung sein[69], sonst hat er das Leben eher leuchtender gemacht, seine Intensität gesteigert.

Wichtig scheint mir in diesem Zusammenhang, daß Kohelet das Todesproblem mit dem des Nachfolgers verbindet:

2,18 »Verhaßt wurde mir all mein Mühen,
Womit ich mich abmühe unter der Sonne.
Muß ich es doch einem anderen,
der nach mir kommt, überlassen.«
2,21 »Denn da müht sich nun einer ab,
in Weisheit und Einsicht,
und es gelingt ihm,
und dann muß er es einem anderen als Eigentum überlassen,
der sich nicht daran abgemüht hat.«

Es ist deutlich Neid auf den Nachfolger, der ihm das Leben vergällt. Überhaupt ist der Neid für ihn das zentrale Motiv menschlichen Handelns, wie er in 4,4 sagt (eine Einsicht mit der immerhin noch in unserem Jahrhundert eine ganze Sozialtheorie begründet werden konnte![70]). Und zwar ist es offenbar gleichgültig, ob es sich bei dem Nachfolger um den Sohn handelt oder um einen Fremden. Auch ein Erbe ist kein Trost für ihn, ja er wird geradezu zum Anlaß für die Resignation. Man muß dazu auch 6,3 vergleichen: Kinderreichtum bedeutet nichts. Wiederum wird die Negierung segmentärer Kategorien und Werte erkennbar. Der Name, der sich im Erbe fortpflanzt, zu dessen Sicherung Gesetze wie das Levirat dienten[71] und der mit der Eigentumsform verknüpft war, ist für ihn keine Realität mehr[72].

Diese Rolle des Todes bei Kohelet hat religionsgeschichtliche Parallelen: »Individualisierungsgrad und Todeserfahrung sind Korrelate«[73]. Erst der Zusammenbruch der tragenden Gruppenidentität in der Klasse, der er angehört, und die Reduktion auf das isolierte Individuum und seinen »Gewinn« machen den Tod zu einem alles überstrahlenden Faszinosum. Und so wird man für die logische Zuordnung von Tod und Leben, die Kohelet vornimmt, mit den Worten Kolakowskis die umgekehrte Genesis annehmen müssen: »Die abstrakte Angst vor dem Tod ist ein sekundäres Phänomen, das Ergebnis des Gefühls der Sinnlosigkeit des Lebens, ein Produkt der Entfremdung des Bewußtseins des einzelnen von der geschichtlichen Wirklichkeit der Menschheit, die Folge eines Unbehagens gegenüber der Außenwelt. Die Sinnlosigkeit des Lebens ist nicht die Folge des quälenden Gedankens an den Tod, sondern eben seine eigentliche Ursache.«[74]

In der Gesellschaft Kohelets bedeutete – jedenfalls für bestimmte Gruppen[75] – das Festhalten an einem sinnvollen Leben, das Festhalten an den Jahwetraditionen, die Forderung nach Gerechtigkeit, daß man diesem Gott die Hoffnung auf ein Handeln an den Toten zumutete. Gerade damit hielt man gegen den Augenschein an der Glaubenstradition fest und damit auch an der Ethik der Solidarität und den alten Freiheitstraditionen. Der Aufstand gegen Antiochus IV. kam, wie Kippenberg gezeigt hat, sozial gesehen aus den Schichten, in denen segmentäre Strukturen erhalten geblieben waren[76] und die Potenz für den Widerstand schufen. In ihm spielte die Auferstehungshoffnung eine nicht zu unterschätzende Rolle (Dan 12 u.a.), ohne daß an dieser Stelle genauere Differenzierungen vorgenommen werden können. Die aristokratischen Kreise Judas haben das nicht mitgemacht, ihre Interessen lagen woanders. Noch die späteren Sadduzäer, deren möglicher Zusammenhang mit dem Wirken Kohelets seit langem diskutiert wird, aber wohl mangels Quellen nicht wirklich zu klären ist[77], können sich diese Hoffnung offenbar nicht leisten.

III *Ethik und Politik*

Kohelet sieht sich in einer undurchschaubaren Welt und vor einem unausweichlichen Todesgeschick. Gott wird nur als unverständliche Schicksalsmacht erfahren. Das Festhalten an den traditionellen ethischen Normen erweist sich als sinnlos. In den ethischen Forderungen und deren politischen Konsequenzen, die er nun selbst aufstellt, kommt sein Klassenstandpunkt wohl am deutlichsten zu Tage. Methodisch geht es mir hier vor allem darum, die politisch-gesellschaftliche Seite dieser Aussagen deutlicher als üblich zu akzentuieren und in den Kontext der Gesellschaft seiner Zeit zu stellen. Das einzige, was Kohelet letztlich empfehlen kann, und damit der Kern seiner Ethik, ist bekanntlich der Lebensgenuß, das carpe diem, Essen, Trinken und Sexualität:

9,7 »Wohlan, iß mit Freuden dein Brot
und trinke frohen Herzens deinen Wein,
denn längst hat Gott dein Tun gebilligt.
9,8 Allezeit seien deine Kleider weiß
und deinem Haupt fehle es nicht an Öl.
9,9 Genieß das Leben mit der Frau, die du liebst,
alle Tage deines flüchtigen Daseins ›. . .‹[78],
denn das ist dein Teil am Leben und in deiner Mühe,
womit du dich abmühst unter der Sonne.«

Vgl. weiter 3,12.22; 5,17ff; 8,15; 11,9f. Doch er weiß, daß auch dies keine wirkliche Erfüllung bringt, weder Gewinn noch Sinn, bes. 2,1ff; 7,1ff. Derartiger Lebensgenuß nun ist keineswegs jedem möglich und erfordert bestimmte Vorbedingungen. Die meisten der ethischen und politischen Aussagen Kohelets entschlüsseln sich, wenn man dieser Linie folgt. Zunächst etwa ist Lebensgenuß vor allem eine Möglichkeit der Jugend. Die daraus sich ergebende Abwertung des Alters und die Ausmalung seiner Schrecken, wie er sie in 12,1–8 vornimmt, bringt wiederum eine typische Umkehrung segmentären Denkens, wo der Alte der ideale Mensch ist. Vor allem aber gehört natürlich ein gewisser Wohlstand zu den Vorbedingungen, sein Leben genießen zu können. Reichtum allein tut's freilich nicht, wie er in einer ausführlichen Kritik in 5,9ff zeigt: Daran wollen andere ihren Anteil, er kann überraschend verloren gehen, er bringt Sorgen und Schlaflosigkeit mit sich. Hier hat der Versuch Bikermans, bei Kohelet eine Philosophie für eine

Wohlstandsschicht zu finden, die angeleitet werden soll, sich dem Streß zu entziehen und am Leben zu freuen[79], durchaus seine Berechtigung. Aber entscheidend ist, daß für Kohelet auch die innere Möglichkeit zum Genuß freies Geschenk Gottes ist, also zufällig zufallende Gabe:

5,18 »Wo immer Gott einem Menschen Reichtum und Schätze gibt,
und er befähigt ihn, sie zu genießen
und daran teilzuhaben
und sich an seiner Arbeit zu freuen:
Setzung Gottes ist das!«

Man wird in der Tat sagen können, daß er in dieser Kombination das einzige und alles entscheidende positive Handeln Gottes in dieser Welt findet[80].

Doch ist das die Ausnahme, und die Welt, die er sieht, ist keineswegs dadurch bestimmt. Geprägt ist sie vielmehr durch Herrschaft. Die Formel von der Herrschaft des Menschen über den Menschen stammt von ihm: Er sieht sich in einer Zeit, »da der Mensch über den Menschen herrscht, ihm zum Übel« (8,9), mit wohl nicht zufällig doppeldeutigem Bezug des lô. Diese Herrschaft tritt konkret als unabsehbare Hierarchie in Erscheinung und ist Ursache für Unterdrückung und Leid.

5,7 »Wenn du Unterdrückung des Armen
und Entzug von Recht und Gerechtigkeit im Staat siehst,
dann wundere dich nicht darüber!
Denn über dem Hohen wacht ein Höherer,
und (noch) Höhere über ihnen[81].
5,8 Ein Gewinn für das Land ist trotz allem dies:
Ein König für das bebaute Feld.«

Beachtlich ist die eindeutige Begründung der überall zu beobachtenden Unterdrückung und Rechtlosigkeit durch das hierarchische System des Staates. Aber Kohelet zielt ab auf die Mahnung, dies als unabänderbare Gegebenheit hinzunehmen und sich nur nicht darüber aufzuregen. Der umstrittene Sinn von V. 8 dürfte der sein, die Spitze des Systems, den König, von der Kritik auszunehmen und als relativen »Gewinn« herauszustellen. So braucht MT nicht verändert zu werden und der Vers steht in deutlicher Übereinstimmung mit anderen Stellen, bes. 10,20. Bei dieser Auffassung ist Gott dann als oberster Garant hier nicht mitgemeint, wiewohl er

im Prinzip für Kohelet hinter allem Geschehen, also auch diesem, steht.
Jede Kritik an diesem Unterdrückungssystem, vor allem aber am König als seinem Repräsentanten, bringt Gefahren mit sich, die vermieden werden müssen. Und so wird seine wiederholte Mahnung zum Gehorsam gegen den König mit dem Hinweis auf die Konsequenzen begründet:

8,2 »›. . .‹[82] Den Spruch des Königs beachte,
und zwar um des Gottesschwurs willen.
8,3 Geh nicht übereilt von ihm fort,
und laß dich nicht in eine schlimme Sache ein.
Denn alles, was er will, das tut er,
8,4 weil das Königswort Macht hat.
Und wer darf zu ihm sagen: Was tust du?
8,5 Wer das Gebot bewahrt, weiß nichts von schlimmer Sache.«

Ob man bei der »schlimmen Sache« (dabar ra^c) an ganz konkrete historische Vorkommnisse denken darf[83], scheint mir weniger wichtig als die Art, wie hier die Unterordnung unter die Fremdmacht begründet wird. Entscheidend ist in V. 3b.4 der Hinweis auf die faktische Macht, der es mit Vorsicht zu begegnen gilt. Doch ist nicht zu übersehen, daß mindestens in V. 2, eventuell auch in V. 5 religiöse Kategorien herangezogen werden (š^{e}bû^{c}ăt '^{a}lohîm, miṣwā), auf deren mögliche Interpretationen ich hier nicht eingehen will[84]. Da aber solche Begriffe für ihn sonst keinerlei zentrale Bedeutung haben, ist ihre ideologische Funktion zur Stützung der Herrschaft unübersehbar.
Zwar kennt Kohelet an einigen Stellen durchaus die Möglichkeit von Mißgriffen der Herrscher (10,5) wie von schwachen Königen und deren üblen Folgen (10,16ff). Aber auch und gerade in einem solchen Fall gilt:

10,20 »Selbst auf deinem Lager fluche nicht dem König!
Auch in deiner Schlafkammer fluche nicht dem Reichen.
Denn die Vögel des Himmels tragen die Stimme weiter,
und was Flügel hat, verrät die Rede.«

Hier offenbart sich endgültig die Angst, die in seiner Gesellschaft herrscht und die auch hinter seinem so radikal erscheinendem Denken steht. Mit Spionen, Lauschangriffen ist an jedem Ort zu rechnen. Der König und die Reichen, deren Einbau in den Staatsapparat hier so deutlich wie sonst nirgends wird, müssen von jedem bösen Wort ausgenommen werden. Jederzeit muß man für die herrschende Grundordung eintreten.

Sind Wohlstand und Konfliktvermeidung die Bedingungen, das Leben in Ruhe genießen zu können, so haben manche Menschen gar nicht erst die Möglichkeit dazu. Wie wenig er selbst zu diesen Benachteiligten gehört, zeigt nichts deutlicher als der – bis heute zu hörende – Zynismus von 5,11: »Der Arbeiter hat einen süßen Schlaf, er habe wenig oder viel zu essen«. Noch deutlicher spricht

4,1 »Wiederum sah ich all die Bedrückungen,
die unter der Sonne geschehen.
Und sieh: Tränen der Unterdrückten!
Und es gibt niemand, der sie tröstet.
Von der Hand ihrer Unterdrücker geschieht Gewalt!
Und es gibt niemand, der sie tröstet.
4,2 Da pries ich die Toten, die längst Gestorbenen
vor den Lebenden, die noch leben müssen.
4,3 Und glücklicher als beide der,
der erst gar nicht ins Dasein tritt,
der nicht zu sehen braucht das böse Tun,
das unter der Sonne geschieht.«

Angesichts des konkreten gesellschaftlichen Leides kennt er keinen Tröster, er selbst weiß sich schon gar nicht dazu gerufen, eine Möglichkeit, die in der älteren, karitativen Weisheit ganz anders gesehen wird, vgl. nur Spr 24,11ff. So negativ Kohelet den Tod sonst sieht – »denn ein lebender Hund ist besser als ein toter Löwe« (9,4) – für diese Unterdrückten ist er immer noch das Beste und das einzige, was er ihnen wünschen kann. Eigentümlicher Trost – was werden diese Menschen selbst darüber gedacht haben?

Sein gesellschaftlicher Standort und der damit gegebene Zynismus, der ihm selbst freilich kaum bewußt gewesen sein wird, kommt ebenfalls in 7,21 zum Vorschein:

7,21 »Auch auf alles Gerede, das man redet, gib nicht acht,
damit du nicht hörst, wie dein Sklave dich verflucht!«

Von V. 22 her ist der gemeinte Sinn wahrscheinlich: Hör erst gar nicht hin, um nicht gegen ihn vorgehen zu müssen, denn du selbst fluchst ja auch gelegentlich. Um so wichtiger ist, was der Vers wie nebenbei offenbart: Einmal, daß »man«, er selbst und seine Hörer und Leser, eben Sklaven hat; dann, daß diese selbstverständlich Anlaß haben, ihrem Herrn mindestens gelegentlich zu fluchen (was für diesen natürlich keine wirkliche Gefahr mehr darstellt – auch eine dialektische Wirkung der Aufklärung); schließlich, daß schon gar kein Anlaß besteht, nach dem Grund zu fragen und für Abhilfe zu sorgen. Die Akzeptation der allgemeinen Herrschaft gilt auch hier.

Die letzte und deutlichste Konsequenz, die sich aus Kohelets Ethik des Lebensgenußes ergibt, steht in 7,16ff:

> 7,16 »Sei nicht allzu gerecht und nicht übertrieben weise.
> Warum willst du dich zugrunde richten?
> 7,17 Frevle nicht allzu sehr und sei kein Narr.
> Warum willst du vor deiner Zeit sterben?
> 7,18 Gut ist es, wenn du an dem einen festhältst
> und auch von dem anderen nicht läßt.
> Denn der Gottesfürchtige tut beidem Genüge.«

Da landet das radikale Denken auf dem mittleren Weg. Man soll, erstaunlich genug, an Gerechtigkeit und Frevel gleich stark partizipieren und nichts übertreiben, um nicht in Gefahr zu geraten. Und diese Haltung wird auch noch als Gottesfurcht bezeichnet[85], die sich hier – aus Ohnmacht und Resignation geboren – als reale Furcht erweist[86]. Nirgend ist der Bruch mit der israelitischen Tradition so deutlich: nicht zu sehr ein ṣăddîq soll man sein. Und ṣăddîq war der Mensch, der den Ansprüchen Gottes und der Menschen genügt[87]. Jetzt geht es nur noch darum, alle Gefahren zu vermeiden, denn Gott hat ja eh alles, was man tut, längst gebilligt (9,7). Sich auf nichts wirklich einzulassen, in keine Konflikte zu geraten, darum allein geht es. Weisheit und Gerechtigkeit werden wie Sünde und Frevel allein daran gemessen, wie weit sie Gefahr bringen können. Hier offenbart der Pessimismus sein gebrochenes Rückgrat.

Macht man sich diese ethisch-politischen Konsequenzen Kohelets klar, dürften die Vorwürfe der Sapientia Salomonis gegen ein sehr verwandtes Denken nicht so weit daneben greifen. Sie werden kaum gegen Kohelet selbst zielen, aber die Leute, die von ihr geschildert werden, haben offenbar nur bestimmte Seiten seines Denkens etwas stärker in Praxis umgesetzt. Hier zeigt sich: »Er machte Schule und hatte Gegner«[88]. In Weish 2 werden Gottlose und Frevler zunächst ganz im Stil Kohelets gekennzeichnet[89]:

2,1 »Sie sprechen bei sich selbst, verkehrt urteilend:
Kurz und traurig ist unser Leben,
denn nicht gibt es ein Heilmittel beim Tod des Menschen,
und nicht hat man gehört von einem Befreier aus der Unterwelt.«
2,6 »Herbei denn, laßt uns genießen die vorhandenen Güter,
und laßt uns geschwind die Welt ausnutzen als in der Jugendzeit.«

Dann aber fährt sie fort:

2,10 »Vergewaltigen wir den armen Gerechten,
üben wir nicht Schonung gegen die Witwen,
noch scheuen wir des Alters hochbejahrtes Greisenhaar.
11 Unsere Kraft sei der Maßstab für die Gerechtigkeit,
denn das Schwache erweist sich als wertlos.«

Daß man sich auch so auf Kohelet beziehen konnte und offenbar bezogen hat, scheint mir unbestreitbar.

Ich bin von der Aktualität Kohelets ausgegangen. Sie beruht sicher auch auf seiner dichterischen Kraft. Und man wird auch auf ihn beziehen müssen, was Ernst Bloch über Schopenhauer, Kohelets modernen Verwandten, sagt: Ohne ihn kann »Hoffnung nicht gedacht werden, denn sonst sähe sie aus wie eine Phrase oder eine miserable Art von Zuversicht, was Hoffnung am wenigsten ist«[90]. Trotzdem spricht Kohelet wohl weniger allgemein Menschliches aus, als vielmehr die Konsequenz einer gesellschaftlichen Entwicklung und in ihr die Interessen einer bestimmten Klasse. In einer Zeit, in der traditioneller Glaube und überlieferte Ethik in Widerspruch zur erfahrbaren Realität geraten waren, denkt er »im Schatten des Geldes« und auf dem Boden der Klasse, die in Gegensatz zu den Interessen der unterdrückten Schichten stand. Zwar ist er ganz sicher nicht einfach ihr Ausdruck oder bloß ihr Repräsentant[91], aber ihre Trennung vom übrigen Israel findet bei ihm in der Negierung von jahwistischer Tradition und Ethik ihre Entsprechung. Wenige Jahrzehnte nach Kohelet standen sich die bei ihm erkennbaren Fronten auf beiden Seiten der Barrikaden gegenüber. Der Widerstand kam aus Kreisen, wo Reste bäuerlicher Freiheit und segmentärer Lebensformen bestehen geblieben waren und wo man an Tempel, Gesetz und Prophetie und damit an alten Freiheitstraditionen festhielt und jedenfalls teilweise den damals in Israel noch nicht korrumpierten Glauben an ein Handeln Gottes an den Toten gewann. Nur dies ermöglichte »die Ergründung der objektiven Möglichkeiten des Wirklichen und den Kampf für ihre Verwirklichung«[92] und damit die reale Veränderung der so unveränderbar erscheinenden Welt.

Anmerkungen:

1. Vgl. dazu die methodische Warnung von G. v. Rad, Weisheit in Israel, Neukirchen-Vluyn 1970, 299.
2. M. Weber, Die protestantische Ethik und der Geist des Kapitalismus, Ges. Aufsätze zur Religionssoziologie I, Tübingen 1920, 203f.
3. Kohelet-Studien, ZAW 50, 1932, 276.
4. Dazu zuletzt W. Zimmerli, Das Buch Kohelet – Traktat oder Sentenzensammlung?, VT 24, 1974, 221–230.
5. Zuletzt ausführlich R. Braun, Kohelet und die frühhellenistische Popularphilosophie (BZAW 130), Berlin 1973; außerdem M. Hengel, Judentum und Hellenismus, Tübingen 1969, 210–240.
6. P. Humbert, Recherches sur les sources égyptiennes de la littérature sapientale d'Israel (Mémoires del'Université de Neuchâtel VII), Neuchâtel 1929; W. Rudolph, Vom Buch Kohelet, Munster 1959, 17.
7. Bes. O. Loretz, Qohelet und der alte Orient, Freiburg 1964.
8. Vgl. jetzt H.-P. Müller, Neige der althebräischen »Weisheit«. Zum Denken Qohäläts, ZAW 90, 1978, 254f.
9. Vgl. H. W. Hertzberg, Der Prediger (KAT XVII,4), Gütersloh 1963; K. Galling, Der Prediger (HAT I/18), Tübingen² 1969; Hengel, aaO.; u.v.a.
10. So die neueren Kommentare von Hertzberg, Galling, Zimmerli (ATD 16/1, 1962); vgl. M. Gese, Die Krisis der Weisheit bei Kohelet, jetzt in: Vom Sinai zum Zion, München 1974, 168–179; A. Lauha, Die Krise des religiösen Glaubens bei Kohelet, in: VT Suppl. 3 Leiden 1955, 183–191; O. Loretz, aaO.; F. Ellermeier, Qohelet I/1, Herzberg/Harz 1967; E. Wölfel, Luther und die Skepsis, München 1958; H. H. Schmid, Wesen und Geschichte der Weisheit (BZAW 101), Berlin 1966, bes. 186ff. Bei einem sehr unbestimmten Bild bleiben auch Braun, aaO. 178 und v. Rad (ThAT; Weisheit), doch bezeichnet letzterer wenigstens die Weisheit insgesamt als »bürgerlich« (Weisheit 31).
11. The Social Background of Wisdom-Literature, HUCA XVIII, 1943/44, 77–118; ders., Koheleth – The Man and his World (Texts and Studies XIX), New York 1955; vgl. a. H. L. Ginsberg, The Structure and Contents of the Book of Kohelet, in: VT Suppl. 3, Leiden 1955, 138–149, sowie in mehreren anderen Arbeiten; E. Bikerman, Koheleth (Ecclesiastes) or The Philosophy of an acquisitive Society, in: Four Strange Books of the Bible, New York 1967.
12. aaO. 233ff; außerdem: R. Kroeber, Der Prediger (Schriften und Quellen der alten Welt 13), Berlin 1963, 24 uö.; vgl. jetzt auch H.-P. Müller, Neige der althebräischen »Weisheit«, 256ff.
13. aaO. 235ff.

14. aaO. 165, vgl. 158–167.
15. Nachdruck Amsterdam 1967, 61.
16. Vgl. dazu bes. Chr. Hardmeier, Texttheorie und biblische Exegese. Zur rhetorischen Funktion der Trauermetaphorik in der Prophetie (BevTh 79), München 1978.
17. dl.; vgl. die Kommentare.
18. Das schwierige und umstrittene Problem des ᶜôlam kann hier außer Betracht bleiben.
19. Zum Tun-Ergehn-Zusammenhang vgl. etwa G. v. Rad, Weisheit, 165ff.
20. So K. Galling, Kohelet-Studien, 291.
21. Vgl. dazu demnächst F. Crüsemann, Hiob und Kohelet. Ein Beitrag zum Verständnis des Hiobbuches, in: Werden und Wirken des Alten Testaments, Festschr. C. Westermann, 1979.
22. Besonders H. Gese, aaO. Nur seiner Deutung der Gottesfurcht (ebd. 178ff) kann ich nicht folgen; dazu schon Schmid, aaO. 193 u. unten Anm. 86.
23. Ich habe keinen einzigen Versuch gefunden, den Wandel im Denken der Weisheit auf eine Veränderung der Wirklichkeit zurückzuführen, der über sehr allgemeine Hinweise auf das Klima des Frühhellenismus o.ä. hinausgeht. Vgl. jedoch jetzt H.-P. Müller, aaO. 258f.
24. So Hengel, aaO.
25. Von einem Versuch, den Realitätsgehalt der entsprechenden Texte in der Umwelt zu erfragen, muß hier ganz abgesehen werden.
26. Vgl. dazu den wichtigen Hinweis G. v. Rads (Weisheit 305f).
26a. Zum folgenden vgl. jetzt vor allem C.-A. Keller, Zum sogenannten Vergeltungsglauben im Proverbienbuch, in: Beiträge zur alttestamentliche Theologie. Festschr. W. Zimmerli, Göttingen 1977, 223–238.
27. Man denke z.B. nur an die Wunder der Elisa-Tradition.
28. Social Background, bes. 105ff.
29. Vgl. oben Anm. 11 und 12.
30. Einerseits z.B. H. W. Wolff, Amos' geistige Heimat (WMANT 18), Neukirchen-Vluyn 1964; andererseits z.B. H.-J. Hermisson, Studien zur israelitischen Spruchweisheit (WMANT 28), Neukirchen-Vluyn 1968; u.v.a.
31. Es mag hier genügen auf den Zusammenhang von Weisheit und Dtn hinzuweisen, dazu M. Weinfeld, Deuteronomy and the Deuteronomic School, Oxford 1972, 244ff.
32. Zu Begriff und Sache vgl. F. Crüsemann, Der Widerstand gegen das Königtum (WMANT 49), Neukirchen-Vluyn 1978, 203ff. 215f.
33. Vgl. besonders H. G. Kippenberg, Religion und Klassenbildung im antiken Judäa (SUNT 14), Göttingen 1978, 25ff und passim.
34. Dazu G. von Rad, Weisheit, 131ff.
35. So etwa G. von Rad, »Gerechtigkeit« und »Leben« in der Kultsprache der Psalmen, Ges. Studien zum A. T. (ThB 8), München 1965³ 225ff.
36. S. Anm. 33.
37. Es ist kein Wunder, daß im Exil die ersten, grundlegenden Auseinandersetzungen um dies Denken auftauchen, vgl. etwa Ez 18.
38. H. G. Kippenberg, aaO. bes. 50ff. 78ff.

39. Ebd. 49ff.
40. Ebd. 45ff.
41. Ebd. bes. 82.
42. Dazu z.B. F. Heichelheim, Wirtschaftsgeschichte des Altertums, Bd. II, Leiden 1961, 438ff.
43. H. G. Kippenberg, aaO. 55ff.
44. Ebd. passim, bes. 82ff.
45. Ebd. 36ff.
46. Ebd. 78ff.
47. Dazu M. Rostovtzeff, Gesellschafts- und Wirtschaftsgeschichte der hellenistischen Welt I, Darmstadt 1955, bes. 278ff.
48. H. G. Kippenberg, aaO. 79.
49. M. Hengel, aaO. 83 unter Aufnahme einer Formulierung von M. Smith, in: Fischer-Weltgeschichte 6, Frankfurt a. M. 1965, 255.
50. Z. B. M. Rostovtzeff, aaO. 277 u.ö.
51. H. G. Kippenberg, aaO. 78ff.
52. Vgl. dazu den Hinweis von M. Hengel, aaO. 224.
53. Wie sich etwa die optimistische Weisheit, spez. Spr 8, hier einfügt, mit ihrem Bild einer Welt, »von der dem Menschen nichts Böses widerfährt« (G. v. Rad, Weisheit, 228), muß hier offen bleiben; man vgl. nur den Hinweis auf Strukturähnlichkeiten zwischen pessimistischer und optimistischer Weisheit bei H. H. Schmid, aaO. 149ff. 189.
54. Dazu etwa H. W. Hertzberg, Komm., 227ff.
55. Ob etwa Nietzsche Marx gelesen hat, ist belanglos gegenüber der unbestreitbaren Tatsache, daß er angesichts einer unübersehbaren Arbeiterbewegung so schreibt, wie er schreibt, und zwar ganz unabhängig davon, ob er explizit darauf reflektiert oder nicht. Für seine Position in der Gesellschaft ist auch das bloße Nebeneinander kennzeichnend.
56. Vgl. etwa E. Gerstenberger, Wesen und Herkunft des apodiktischen Rechts (WMANT 20), Neukirchen-Vluyn 1965, z.B. 110ff.
57. Vgl. G. v. Rad, Josephsgeschichte und ältere Chokma, in: Ges. Studien zum A. T. (ThB 8), München 1965³, 272–280; ders., Weisheit, 67f. 257f; R. N. Whybray, The Succession Narrative, London 1968, 56ff; H.-J. Hermisson, Weisheit und Geschichte, in: Probleme biblischer Theologie, Festschr. G. v. Rad, München 1971, 136–154; J. Fichtner, Jesaja unter den Weisen, in: Gottes Weisheit, Stuttgart 1965, 18–26; H. W. Wolff, Amos' geistige Heimat (WMANT 18) 1964; M. Weinfeld, Deuteronomy and the Deuteronomic School, Oxford 1972. Damit sind nur Exponenten einer breit ausladenden Diskussion genannt.
58. Jer 31,31ff; Ez 36, 26f; Jes 65,17.
59. Beide haben ihre entscheidende Gestalt in diesem 3. Jahrhundert gefunden, vgl. die Komm. Zur hellenistischen Staatsphilosophie, mit der es wohl sehr schnell zu Konflikten gekommen sein muß, vgl. E. R. Goodenough, The Political Philosophy of Hellenistic Kingship, YCS 1, 1928, 55–104; Kippenberg, aaO. 122ff.
60. Dazu unten S. 95.99
60a. Vgl. Kippenberg, aaO. 87ff.
61. Vgl. einerseits 2,12–14; 4,5f; 9,17; 10,1-4.12–15 und andererseits 7,23ff; 8,6f.17. Eine Darstellung der Bedeutung der Weisheit bei Kohelet muß hier unterbleiben.
62. Dazu unten S. 95f.

63. Komm. 84.
64. H. W. Hertzberg, Komm. 69.
65. Dazu unten S. 93f.
66. Dazu E. Bikerman, aaO. 154.
67. Zu diesem zuletzt O. Kaiser, in: O. Kaiser/E. Lohse, Tod und Leben (Biblische Konfrontationen) Stuttgart 1977, bes. 15ff.
68. So M. Hengel, aaO. 228. Vgl. auch U. Kellermann, Überwindung des Todesgeschicks in der alttestamentlichen Frömmigkeit vor und neben dem Auferstehungsglauben, ZThK 73, 1976, 279ff.
69. Vgl. Chr. Barth, Die Errettung vom Tode in den individuellen Klage- und Dankliedern des Alten Testamentes, Zürich 1947, 54f.
70. H. Schoeck, Der Neid. Eine Theorie der Gesellschaft, Freiburg/München 1966, wo, soweit ich sehe, Koh 4,4 nicht aufgegriffen wird.
71. Dtn 25,5ff.
72. Dazu O. Loretz, aaO. 225ff.
73. E. Fuchs, Todesbilder in der modernen Gesellschaft, Frankfurt/M 1969, 30, unter Aufnahme von Ergebnissen Lévy-Bruhls, Malinowskis u.a. Es muß hier bei dieser Andeutung bleiben.
74. L. Kolakowski, Der Mensch ohne Alternative, München 1964, 214.
75. Eine Differenzierung, für die es bisher nur wenige konkrete Anhaltspunkte gibt, kann hier nicht vorgenommen werden.
76. AaO. 87ff.
77. Vgl. z.B. E. Bikerman, aaO. 157.
78. dl.; vgl. z.B. K. Galling, Komm. z. St.
79. AaO., bes. 158ff.
80. Dazu z.B. K. Galling, Komm., 79 u.a.
81. Der Text braucht m.E. nicht geändert zu werden (so etwa H. W. Hertzberg, Komm., 119.121; K. Galling, Komm., 100). Erst in V. 8 geht es um die Spitze der Hierarchie, die von der Kritik ausgenommen wird.
82. Vgl. BHK/BHS u. die Komm.
83. So H. W. Hertzberg, Komm., 50f.
84. Vgl. K. Galling, Komm., 110; H. W. Hertzberg, Komm., 164ff.
85. Anders, aber sehr gewunden z.B. H. W. Hertzberg, Komm., 154.
86. Zur Gottesfurcht bei Kohelet vgl. S. Plath, Furcht Gottes, (ATh II/2), Stuttgart 1962, 80ff: »Sie kann nur in die aus Ohnmacht und Resignation geborene Furcht aufgehen, die sich mit diesem erzwungenen Modus des einzig möglichen Verkehrs mit seinem Gebieter notgedrungen abfindet« (82); vgl. 5,6; 7,18; 12,13f. Was in 6,10f ohne den Begriff gefordert wird, beschreibt m.E. genau, was Gottesfurcht bei Kohelet bedeutet.
87. Vgl. oben Anm. 35.
88. H. W. Hertzberg, Komm., 237.
89. Übersetzung nach E. Kautzsch, Die Apokryphen und Pseudepigraphen des AT I, Nachdr. Hildesheim 1962, 481ff.
90. A. Münster (Hg.), Tagträume vom aufrechten Gang, Sechs Interviews mit Ernst Bloch (edition suhrkamp 920), Frankfurt a. M. 1977, 96f.
91. Auch die optimistische Weisheit von Spr 1–9 muß ja wohl etwa der gleichen Zeit und der gleichen Schicht entstammen, vgl. oben Anm. 53.
92. E. Bloch, aaO. (Anm. 90) 117.